学生と市民のための
社会文化研究ハンドブック

社会文化学会　編

晃洋書房

まえがき

社会をつくる。みなさんはどのようなイメージを持つだろうか。ホッブズの社会契約論やフランス革命だろうか。マルクスやレーニンの社会主義革命という人もいるかもしれない。あるいは、現代の福祉国家成立に貢献した人物を考える人もいるだろう。本書は、これらと無関係ということはないが、もっと別の視点に立つ。日々の生活のなかで人と人とが意識的・自覚的に取り結ぶ関係に着目するのである。そうすると、私たち一人ひとりが社会をつくる担い手であるということになる。

本書のタイトルにある「社会文化」は、少し耳慣れない言葉であるかもしれない。一言でいえば、社会をつくる文化のことである。とはいっても、社会をつくる文化っていったい何だ、という疑問が当然のことながら出てくるであろう。日本では社会（世間）は〝ある〟ものだという歴史が長く、〝つくる〟ものだという経験が浅い。それだけでなく、日本社会を特徴づける本質的な問題がそこに横たわっている。本書を読み進めるなかで、社会を〝つくる〟文化とはどのようなものなのか、理解を深めて欲しい。

では、どうしていま社会を〝つくる〟文化を論じなければならないのだろうか。それは、今日の日本社会が抱えている問題の多くが人と人との結びつきによってしか解決できないのではないかと考えるからである。その具体的な状況については、序章での総論に続き七つの章でそれぞれの領域に即して説明している。

本書は、「社会文化」ではなく「社会文化研究」のハンドブックである。今日の「社会文化」にかかわる様々な言葉（事象）を取り扱っているが、辞書やインターネットで調べれば、個々の言葉（事象）の意味や概要をおおよそ理解することはできるであろう。しかしながら、われわれが生きている社会を認識するために必要なことは、言葉（事象）をどれだけ多く知っているのかではない。その言葉（事象）が他の言葉（事象）とどのように結びついているのか、さらに言えばもっと大きな社会の構造（しくみ）とどのように連関しているのかを捉えることである。そうした「結びつき」や「連関」をつかむためには、社会を認識しようとする人の「視角（パースペクティヴ）」がとくに重要になる。そうした意味合いを込めて「社会文化研究」とした次第である。

また「研究」であるとはいえ、「学生と市民のための」としたのは、私たち一人ひとりが社会を〝つくる〟担い手である時代にあっては、個々人が自らの「視角」を持つ「研究」者であるからに他ならないからである。そうしたこともあって、本書ではできるだけ平易な論述を心がけたつもりである。学生や院生のみなさんに、本書を気軽に手に取ってレポートや課題の作成に役立てて頂ければと思っている。また実際に「社会文化」の活動に携わっている市民のみなさんに対しては、その活動になにがしかの寄与ができればという思いが本書に託されている。そして何よりも多くの読者に、社会を〝つくる〟文化の重要性を知ってもらいたい。これが本書を刊行する目的である。

（編集委員一同）

目　次

まえがき

序章　生活と社会をつなぐ「社会文化」（池谷壽夫）……1

第一章　生存権・社会権の保障と社会文化……7

1　生存権・社会権の保障と社会文化（中西新太郎）……8
2　生存権としての労働とジェンダー（池谷江理子）……10
3　「障害」のある人の生存と社会文化（林美輝）……12
4　生存権としての教育と社会文化（早坂めぐみ）……14
5　「承認をめぐる闘争」としての社会文化（赤石憲昭）……16
コラム①　高齢者問題（黒田慶子）……18
コラム②　ＬＧＢＴ（茂木輝順）……19
コラム③　人種主義とジェンダーの「交差性」（熊本理抄）……20
コラム④　学校外の学びの場（田中佑弥）……21

第二章　地域づくりから捉える社会文化……23
1　「地域づくり活動」が注目される社会的背景（中俣保志）……24
2　「地域づくり活動」の新たな課題（中俣保志）……26
3　生活課題と地域づくり（小木曽洋司）……28
4　農山村の地域づくりに向けた視座（中川秀一）……30
5　教育と地域づくり（中俣保志）……32
6　地域アート活動と地域づくり（山田康彦）……34
コラム①　団地という「住まい」のゆくえ（三宅正伸）……36
コラム②　「地域通貨」（黒田慶子）……37
コラム③　生協（小木曽洋司）……38
コラム④　京都社会文化センターの活動（三宅正伸）……39
コラム⑤　コミュニティ概念再考（大関雅弘）……40

第三章　生きるための社会文化……41
1　不安定な時代を生きぬく若者たちの模索（豊泉周治）……42
2　若者の居場所づくりと文化活動（滝口克典）……44
3　生きるための労働文化と共同の力（天池洋介）……46
4　生きていく場をつくる若者ソーシャルワーク（南出吉祥）……48

5 育児文化とジェンダー役割分業（加野泉）……50
コラム① 全国こども福祉センター（荒井和樹）……52
コラム② スクールソーシャルワーク（土屋佳子）……53
コラム③ 地域でつながる高校生（平野和弘）……54

第四章 メディア文化と社会文化……55

1 出版の公共性と商業出版（清原悠）……56
2 「ミニコミ」というメディア（平野泉）……58
3 マンガ表現を共有する場（小山昌宏）……60
4 アニメ表現（木村智哉）……62
5 メディア化するインターネット空間（小山昌宏）……64
6 ジェンダーとメディア（熊谷滋子）……66
コラム① アニメ制作の現場（木村智哉）……68
コラム② ジン（Zine）（村上潔）……69
コラム③ メディアと文化再生産（平石貴士）……70

第五章　芸術文化運動が生み出す社会文化……71
1　社会文化運動としての芸術文化運動（山田康彦）……72
2　芸術文化運動が導く社会文化（清眞人）……74
3　日本の芸術文化運動としての民藝運動（吉田正岳）……76
4　社会改革に関与する芸術文化運動（狩野愛）……78
5　日本の文化政策にみる社会包摂と社会文化（藤野一夫）……80
コラム①　地域を場に展開する芸術文化を中心とした社会文化活動（畔柳千尋）……82
コラム②　アーティストと社会をつなぐ（中西美穂）……83

第六章　市民運動が紡ぐ社会文化……85
1　戦後社会と市民運動（和田悠）……86
2　市民運動の記録と運動経験の継承（山嵜雅子）……88
3　社会・市民運動とアーカイブス（平野泉）……90
4　3・11後の市民運動と社会（清原悠）……92
コラム①　まちのアーカイブ（中俣保志）……94
コラム②「運動」の媒体としての写真（小屋敷琢己）……95
コラム③　震災の記録と記憶（松井克浩）……96

第七章 「社会文化」の研究 …… 97
1 「社会文化」という概念（大関雅弘）…… 98
2 社会文化研究の進め方（大関雅弘）…… 100
3 社会文化のフィールドワーク（南出吉祥）…… 102
4 地域史研究のすすめ（三原容子）…… 104
5 ドイツにおける社会文化（池谷壽夫）…… 106
6 韓国の社会文化（桔川純子）…… 108
7 アメリカの市民運動の現在（日暮雅夫）…… 110
コラム① 社会的連帯経済（小西洋平）…… 112
コラム② ネオリベラリズム的統治技法（藤田博文）…… 113
コラム③ 社会文化学会（池谷壽夫）…… 114

あとがき 121
参考文献

序章　生活と社会をつなぐ「社会文化」

私たちの日常生活はどのようにして成り立っているのだろうか。生活に必要なものを手に入れるためには、お金との交換が不可欠であるように思われているが、それだけで実際の生活が成り立つわけではない。私たちの日常生活は、お金との交換では手に入らないさまざまなものによって支えられている。いま私たちが直面しているのは従来の人間観と社会観に対するオルタナティブの必要性である。

東京タワーから見下ろした街．ここでも日々の日常生活が人々の営為として繰り広げられている．［大関雅弘　撮影］

生活と社会をつなぐ「社会文化」
——新自由主義に抗するために

アリーナとしての生活と文化

　人びとの日常生活はすべて市場で成り立っているわけではない。家庭内でのさまざまなケアや家庭外でのさまざまな社会的な助け合いや保育・教育、地域でのボランティア活動など、さまざまな非市場的な活動とそれを支える倫理や文化があり、これらをとおして「社会的再生産」が営まれている。社会的再生産とは「社会的紐帯を生みだし維持するような、必需品の供給、ケアの提供および交流の諸形態」であり、その中心に位置するのは、「若者を社会化し、共同体を構築し、社会的協力を支えるような共有された意味、愛着および価値の範囲を生産し再生産する仕事である」[Fraser 2014]。この社会的再生産があってこそ、賃労働も資本も、また社会そのものも存続しうる。

　だが、新自由主義は、あらゆる領域を人為的介入によって市場化・商品化しなければ存立すらままならない。そこで、新自由主義にとっては、三つのことが死活条件となる。

　一つには、これまであった人びとの社会的な領域や社会的紐帯を破壊し尽し、そこに市場原理を持ち込まなければならない。規制緩和の名のもとに公的部門をことごとく民営化するか廃止し、そこに競争原理を持ち込む。新自由主義にとって原理的には社会は必要ないのである。

　二つ目に、これまであった共同の倫理や文化を破壊しつくして、人為的にそこに競争と利潤（金儲け）の原理を貫徹し、それを支えるイデオロギーを人びとの日常生活のあらゆる領域に浸透させ、それを主体的に受容する新自由主義的主体を創り出さねばならない。その柱となるものが「起業家精神（アントレプレナーシップ）」の文化である。この「起業家精神」は、狭い意味での起業家の精神を超えて、すべての個人が持つべき文化であるとされる。個人は生涯にわたって、労働を含む自己の生活をモニターしマネジメントし、たえず自己を革新し自己のケア（たとえば健康の維持や絶えざるスキルアップなど）をするとともに、そこで生じるリスクや責任をも引き受ける「起業家精神的な自己」でなければならない。この意味において「起業家精神」は新自由主義の「メタ統治」[Marttila 2014] なのだ。

　だが、これでは社会的再生産は成り立たない。そこで、第三に、新自由主義は破壊した社会的なものに替わる別の社会的なものとして、伝統的・保守的な家族・共同体とその倫理を召喚する。新自由主義はこれまであった共同的な連帯の場や文化や破壊しておきながら、保守的な家族・共同体を「再創造」しなければならない。伝統的な性役割分業にもとづいた家族・共同体におけるケアと倫理なくしては、新自由主義は成り立たないのである。こうして、家族・社会の生活と文化の場こそが、新自由主義にとってはアリーナとなり、死活の場となる。

このことはもちろん、社会文化運動にもあてはまる。社会連帯にもとづく芸術・文化の創造をとおして人間の生活・労働条件の改善を目指す社会文化にとって、今日の新自由主義的な文化はこれまで築かれてきた社会的連帯の文化を根底から破壊しようとしているからである。

今日の生活と社会をめぐる争点

では、今日生活と社会をめぐる具体的な争点は何か。ここではいくつかの重要な争点だけを取り上げておこう。

まず何よりも、社会観と人間観をめぐる抗争がある。新自由主義は競争によって利潤をめざし、リスクと自己責任を引き受ける「強い自律した個人（「起業家精神的な自己」）からなる市場社会を目指そうとする。その社会は具体的には知識基盤社会（知識資本主義）であり、最近ではsociety 5.0であったりする。ここでは、それに替わりうる社会像や望ましい社会像が予め排除されている点が特徴的である。これに対して、社会文化は、民衆が芸術・文化に自由にアクセスし自分たちの生活のなかから芸術・文化を創造し、またそうした芸術・文化を介してアクセスと創造が自由にできる、民主主義社会の形成を求める。

豊かな社会文化の形成と創造を求める私たちは、新自由主義的人間観に替わる新たな人間観を積極的に展開する必要がある。筆者は、根源的・不可避的な〈脆弱性─依存─ケア〉にもとづいた人間観を提起したい［池谷 二〇一八］。人間は、新自由主義が想定する「自己完結した自律した個人」ではありえず、むしろ根源的な「脆弱性」を抱えるがゆえに、胎児の時期から他者との社会的関係の中に織り込まれた、相互に依存しつつ支えあう個人（相互に依存した社会的・関係的個人）としてある。また、脆弱性も個人によってそのありようは異なり多様であるし、能力差があるとしても、誰もが何らかの形で依存者になる。こうした差異や依存があるからこそ、他者との

（相互）依存関係においてケアしケアされるなかで形成される個人の能力もまた、日常的にも他者や社会のさまざまな介助・サポートによって「相互に補完しあう能力」としてある（関係的能力）。だとすれば、「自律」もまた、脆弱性と関係性のなかで育まれ支えられながら形成される「関係的自律」として捉え返されねばならないだろう。

もう一つの争点は、人間観にも当然関わってくるが、能力観に関わる問題である。文科省がOECDと連携しつつ進めている「資質・能力」論［池谷 二〇一九］や経済産業省が進める「社会人基礎力」、society 5.0に求められる「新たな社会を牽引する人材」などは新自由主義的な能力論と言っていいであろう。これらの能力論は、人間の能力を知識基盤社会やsociety 5.0で自己責任と自己リスクを負い、経済的競争に勝ち抜き利潤をあげるために有効な能力（コンピテンシー）として狭く捉えている。また、個人が持つあらゆる能力、つまり個人のアイデンティティや人間性、文化から社会関係に至るまで、まるごと人的資本・社会関係資本として搾取し、それをグローバル経済競争に動員しようとしている。そしてさらに、そこに規律性や協調性などの道徳的資質や性格をも含めているのも特徴的である。

では、社会文化はどのような「能力」を構想するのか。これは難しい問題だが、先にも触れたように、さしあたり次のことを確認しておこう。第一に、それは何よりも、関係に埋め込まれた関係的個人の存在そのものとその肯定から出発するものでなければならない。また能力も個人内的な能力ではなく、まずもって関係的な能力としてある。さらに、それは競争に向けた、競争する能力でもないし、資本や利潤には還元しえないもの、還元してはならないものであろう。最後に、それは民主主義社会にとって大切な自由と平等、社会的人権を含む人権を保障する能力としてあるだろう。

三つめの重要な争点は、社会的再生産、とりわけ家族とジェンダーに関わる問題である。新自由主義は、一方では、「女性活躍」や「女子力」「婚活」などの言葉に象徴されるように、女性に対して古典的な「女性性」（良妻賢母）だけではなく「女子力」をも磨きつつ起業家精神を持つよう求め、女性を競争的な男性的世界での成功へと促す。しかし他方では、伝統的な家族を維持するために、社会的再生産の重要な場である家族においては伝統的な「女性」としての役割、家事・育児などの再生産労働の役割を押しつける。ここに求められるのが、異性愛主義にもとづいた「新自由主義的母性」であり、「ネオリベラル・ジェンダー秩序」［菊地 二〇一九］だ。ここでは、ワークライフバランスの名のもとに、労働の場においても家庭の場においても、リスクを引き受け自己責任にもとづいて自己・家族を管理するだけではなく、たえず「女性」としても自己向上をめざすことが求められる。実際に新自由主義のこの「恩恵」にあずかるのは、わずかなエリート女性である。だが彼女たちとて労働と家庭との両立、起業家と「女性」として依然として求められる役割との葛藤におかれている。そしてその他の多くの女性たちには、「女性活躍」どころか、パートや派遣などを含む不安定な非正規な労働と再生産労働が割り当てられる。

男女特性論に立つ男女共同参画社会では、女性差別の撤廃も男女平等もまだ「未完のプロジェクト」だ。だが、こうした一定の女性の社会進出すら、保守的男性陣営からは「女性中心的な社会」だとか「女災社会」と揶揄され、「オレたちこそが被害者だ！」とネットでたたかれる。

それでも、#METoo運動やLGBT運動に象徴されるように、性暴力をなくし、ジェンダーの平等と性の多様性を求める新たな運動と文化が形成されつつある。

最後に、新自由主義的なエートスが、労働や教育を中心とした日常生活のなかで生じる困難を個人の心のありようの問題、感情の問題としてさまざまなメディアを介して喧伝される。「自己肯定感」、「マインドフルネス」、「ポジティブな心理」や「ハピネス」、あるいは「レジリエンス（折れない心）」など「ネオリベラル心理学」［Ratner 2019］が自己啓発文化として、新自由主義的主体形成を、いわば横から支えている［Binkley 2014］。ここでは、人びとが労働その他の場所で日常的に抱える困難やネガティブな感情を抱くことは否定され、それをさまざまな行動変容プログラムによってポジティブなそれに変容させようとしている。その理論的支柱がセリグマンの主張するポジティブ心理学［Seligman 2011］だ。

私たちは今、新自由主義文化に替わる新たな社会文化の芽とその創造をさまざまな社会分野の中に見つけ出しながら、社会的人権と民主主義にもとづいた新たな人間観・社会観を、人びとの生活と社会的な問題とを文化を介してつなげながら、鍛え上げていかねばならない。

（池谷壽夫）

第一章　生存権・社会権の保障と社会文化

私たちが社会生活を送るうえで生存権・社会権はなくてはならない権利である。しかし、実際にこうした権利は有効に機能しているのだろうか。有効に機能するためには、社会文化による人と人との結びつきによる実質化が必要である。これらをジェンダーと労働の関係、「障害」のある人の生存、教育のあり方、承認をめぐる闘争を通して検討していこう。

ベルリン郊外にある移民・難民施設のポスター。下の方に「逃げ延びた後に、私たちはどのようにして生きていくのか」とある。
［山嵜雅子　撮影］

(1) 生存権・社会権の保障と社会文化

生存権・社会権には、原理的に、社会文化的次元が埋めこまれている。

原理的にとは、付加されたものではなく、したがって、生存権・社会権を認め保障する上で取り除くことができないという意味であり、また、生存権・社会権が具現化される上での不可欠の一要素をなすという意味である。

社会文化的内容が生存権・社会権の体系内に豊かに散りばめられていることは、たとえば、国際人権規約の社会権規約（一九六六年採択）からうかがい知ることができる。前文での、「恐怖及び欠乏からの自由を享受」できるためには、「経済的、社会的及び文化的権利を享有」できる条件が不可欠との認識にとどまらず、労働権にかかわる条項では、労働者とその家族の「相応な生活」を満たす「最小限度の報酬」や「安全かつ健康的な作業条件」などが規定されている。また、社会保障にかかわっては、「相当な食料、衣類及び住居を内容とする相当な生活水準」とそれらの「不断の改善」等が挙げられている。教育権条項（第一三条）が、その権利内容上、社会文化的内実を持つことは言うまでもないだろう。

日本国憲法で生存権規定の核心をなす二十五条でも、「健康で文化的な最低限度の生活」という基準の中に社会文化的次元が含まれているのは明確である。そして、この基準を具体的に保障する生活保護基準や最低賃金の設定にさいし、社会文化的な性格を持つ事項（たとえば、生活必需品の対象選択や文化享受の内容選択）が検討され、組みこまれてきた。生存権・社会権の内実を追求・豊富化させる運動が示すのは、社会文化的内容が生存権・社会権の保障という文脈にそって権利内容として位置づけられ、確認されるプロセスである。たとえば、公害反対運動に支えられて明確化された環境権によって、地域・住民生活の環境システムという社会文化の特質を権利内容に位置づけ理解させる視野が拓かれた。

生存権・社会権と社会文化との以上のかかわりから、社会文化に対する権利論的アプローチの必要性並びに有益性が確認できよう。ネットカフェ難民やホームレス、あるいは災害時避難者の抱える居住困難を居住権の保障という観点から捉え、人間的な住のあり方を構想することは、たとえばその一例だ。文化権という視点を切り口に社会文化のあり方を問い直す多様な試みも考えられる。

社会文化のあり方を生存権・社会権の保障という視点で捉え直す試みは、社会の新自由主義化が世界全体に広がる現在、とりわけ重要な意義を持つ。社会生活のあらゆる領域を市場化の対象とする新自由主義政策の下では、社会文化の広範な領域が市場メカニズムに組みこまれてゆく。この結果、社会文化が果たしてきた社会結合（ソシアビリテ）にかかわる機能や公共的機能は変質の危機にさらされる。たとえば、スポーツ文化に対するスポーツ権という権利論的アプローチが、スポーツの市場化を推進する新自由主義政策に対峙しうるように、生存権・社会権視点にもとづく社会文化諸領域の検討は、社会文化がになう積極的で公共的な機能を再獲得するために有効と言える。

　生存権・社会権の体系はあらかじめ整えられたという意味での理念型ではなく、生存権・社会権を具体的に保障するプロセスを通じ発見され豊富化されてゆく体系である。したがって、この体系内に位置づけられる社会文化的な内容も同様の過程をたどるが、それは、社会文化的次元が生存権・社会権の一環に後から加えられるのではない。最低生活の水準（貧困線）が存在することを発見し、その水準を析出したローントリーのヨーク調査で、すでに、人間的生に不可欠な生活・文化財の存在が考慮されていたように、人が生きる上で最低限必要な保障の内に社会文化的内容が含まれていることを想起すれば、それはあきらかだろう。

　生存権・社会権は自由権の歴史的拡張ではない。人間の生に対する権利論的把握にあっては、そもそも、諸個人の生の本源的な社会性を看過しえない。社会権が「つけ加えられてゆく」（これに付随して社会文化的内容が社会権につけ加えられてゆく）のではなく、人権の基底的で不可欠な内容である社会権（及びその一環となる社会文化的内容）が、歴史的に顕在化してゆく。

　生存権・社会権の一環に位置づけられる社会文化の内容は、社会文化の性格からして地域性を帯びているが、そうして局地性もまた、前述の歴史的変化と同様に、社会権の豊富化過程上に位置づけうる。価値相対主義の立場から社会文化の地域的差異を絶対化すると、社会文化が生存権・社会権に原理的に埋めこまれているつながりを見失うことになろう。

（中西新太郎）

(2) 生存権としての労働とジェンダー

グローバル化・経済悪化の中で非正規労働やブラックな職場が拡大している。生存という観点から労働を考えると、貧困・過労死等は深刻な問題である。ここでは貧困と労働についてジェンダーの観点からみていきたい。日本の相対的貧困率は一六%[1]とOECD内高位で、特に母子世帯、高齢女子単身世帯で深刻である。

まず、母子世帯の経済状況を検討する。ひとり親世帯は、就労にもかかわらず生活困難な世帯が多い。貧困率は五割を超え、特に母子世帯は厳しい。八割強の母子世帯で母親は就業するも[2]、パート等非正規就業者(四八%)が正規就業者(四四%)を凌ぐ。パート等の年間就労収入は一三三万円で、ワーキングプアの指標とされる年収二〇〇万円の三分の二に留まる。母子世帯中、遺族年金が支給される死別世帯は一割に満たず、八割以上は離未婚母子世帯である。八割超のひとり親世帯が受ける児童扶養手当は満額で一人、月四・二万円である。また、養育費の受給世帯は二割未満に留まり、平均額は四・二万円である。離婚の大半を占める協議離婚では相手と関わりを持ちたくない等の理由で養育費の取り決め率が低い。母子世帯の稼働所得外収入は所得の二割前後に留まり、母子世帯の平均総所得二七〇万円[3]は全世帯の五〇%、児童のいる世帯の三八%に過ぎない。

父子世帯の就業率は母子世帯と同水準だが、正規就業者が多く(六八%)、就労収入は三九八万円あり、母子世帯を上回るが[4]、日常の家事等で困難を抱えている。

男性稼ぎ手レジームの中で母子世帯は正規就労の困難さから低所得にあえぎ、父子世帯は家事に苦労するなど、性別役割分業がひとり親世帯の生活困難に絡み合っている。しかも、母子世帯中生活保護受給世帯は約一五%に留まる。養育費支払いが義務化されているアメリカ、母子世帯への生活保障が厚い西欧諸国に比べ、日本の経済支援は厳しく、対策は母親への就業促進、資格取得教育が主である。この結果、離婚後、母の就業率は一割程度上昇するも、正規就労への壁は厚く、世帯収入の改善は厳しく、子どもの貧困へつながることも多い。

次に高齢女子単身者の貧困について検討する。戦後、都市化・工業化により世帯は小規模化し、単身世帯が増加した。阿部彩の相対的貧困率による世帯類型別貧困率では、六五歳以上の女性の単独世帯が四五%と最も高率である［阿部 二〇一四］。なぜだろうか？

高齢者世帯の所得は平均、六割が公的年金・恩給に拠る[5]。国民年金は満額は月六・五万円弱（二〇一八年四月～）だが、実際の平均受給月額は五五六一五円（二〇一七年度末、厚生労働省）に留まる。

会社員と公務員は、国民年金（基礎年金）に加え、厚生年金に加入している。厚生年金（民間企業）の受給権者は男性一〇六三万人、女性五三七万人おり、年金平均月額（基礎年金含）は男性一六・五万円、女性一〇・三万円、最多ゾーンは男性一八～一九万円、女性九～一〇万円である[6]。厚生年金は報酬と在職期間を基に算定され[7]、男性の受給額は女性の一・六倍に及ぶ。

厚生年金加入者の妻は、夫の死後、厚生年金の四分の三を受給できる。遺族厚生年金受給者は五〇一万人（二〇一八年二月、厚生労働省）おり、約九割は夫の厚生年金を受給する高齢女性と推定され、平均金額は九二・七万円である[8]。

家計調査によれば六五歳以上の女性単身世帯の平均年間財・サービス支出は一六四万円強（二〇一八年）であり、平均的年金を受給する高齢女性が賄うのは厳しい。

低年金は、①現役時低賃金と短い勤続期間[9]、②パートタイムの厚生年金除外③離婚時厚生年金分割制度未整備（二〇〇七年制度化）等のためである。高齢女性現役時には女子若年定年制が横行し、「三歳児神話」を盾に保育施設整備が抑制され、男女雇用機会均等法は一九八五年、育児・介護休業法は九二、九五年に漸く法制化される等、正規職継続は難しかった一方、配偶者控除、一〇三万円の壁、第三号被保険者国民年金資格付与等、税制等は扶養家族に留まる場合に改善された。

家事・育児のためフルタイムで正規雇用に従事出来ない女性達は、労働に付随する所得・社会保障・年金等を一人前には受給できない。扶養家族の資格を失うと厳しい状況に陥る。隙間を埋めるべき社会保障は十分ではない。家族を支えるアンペイドワークのため、十全に労働権を行使しえない人々への生存保障は不十分である。このことは社会の再生産がうまく機能しない一因となっている可能性が高い。研究の進展と制度の改善が必要とされている。

（池谷江理子）

（3）「障害」のある人の生存と社会文化

「『障害』のある人の生存」は、人びとの行為の反復と相互に規定し合う社会に大きく依存している。そもそも、生産性や効率性を重視する社会、あるいはさまざまな価値のあり方に対して不寛容な社会が、日々の行為の反復によって存立し、法制度から公共施設にいたるソフト・ハード面と相互に規定し合う中で、「『障害』のある人」をはじめとする少数派を排除しているといえる。

たとえば、もしも誰かが、営利を第一に重視する企業において、顧客向けの一般的な営業職の採用を担当するとしよう。その際、その人がたとえ残念に思ったとしても採用に際して重視するのは、より沢山の顧客に接して、高い営業成績を求められる人材であったり、特定の人たちに有利な美的・社会的なセンスのある人であったりはしないだろうか。このような採用がさまざまな企業によって各地で反復される限り、少数派とされる人びとが排除されていく社会が存立し続けることになる。その際、排除される少数派の一つのカテゴリーとして「『障害』のある人」というものがある。

従来は、「医学モデル」のみに立脚し「欠損」等として語られてきた「障害」を別の観点から語り直すものとして、広く知られているのは、「障害」の「社会モデル」である。それは、「障害者が直面する問題の核心は、障害者自身の身体ではなく、社会、環境にある」〔長瀬 二〇〇二〕といった理解にもとづくものである。[1] ある社会で「障害」とされているものが、環境の異なる別の社会では「障害」ではなくなりうる。

「障害」の「社会モデル」の理解については、「医学モデル」の理解と併存する形で、国際連合の「障害者の権利に関する条約（障害者権利条約）」（二〇〇六年採択）や、日本国内においても、「障害を理由とする差別の解消の推進に関する法律」（二〇一三年制定）や「障害者基本法」（二〇一一年改正）にも取り入れられているといえる。たとえば、現行の障害者基本法で「社会的障壁」といわれるものが、「社会モデル」でいうところの「障害」に対応するものであるといえよう。同法では「社会的障壁」が「障害がある者にとつて日常生活又は社会生活を営む上で障壁となるような社会における事物、制度、慣行、観念その他一切のものをいう」（第二条）とした上で、その除去について「負担が過重でないときは」、合理的な配慮（以下、「合理的配慮」がなされなければならないとされている。

法制度としてここまで規定したことの社会的意義は大きいと言えるが、この合理的配慮については、上記の障害者権利条約等においても、負担が過重と判断された場合には必要でなくなるものとなっている。社会が、日々の行為の反復によって存立し、法制度から公共施設にいたるソフト・ハード面と相互に規定し合う中で、「障害」のある人を排除すると先に述べた。その相互に規定し合う関係の中で、合理的配慮を促す力学がなければ、多くの可能な配慮について「負担が過重」であると語られ、排除に加担しやすい風潮を助長することは容易に考えうる。

言うまでもなく、法制度の整備のみで排除が抑制されるわけではない。また、価値が多元化した社会においては、合理的配慮の社会的必要性を法制度の及ばない領域で倫理・道徳的に根拠づけることは困難である。それならば、法制度や倫理・道徳的な根拠づけとは異なる形で、排除を抑制し、『障害』のある人の生存」の保障に寄与する役割を担いうるものを確認しておく必要がある。

社会文化活動は、その一つとして考えられよう。従来はネガティブに語られてきた「障害」を、ポジティブに意味づけるさまざまな社会文化活動（たとえば芸術活動や起業等）によって、これまでとは異なる行為の反復を作り出し、従来の価値体系を揺さぶり、錯乱させ、新たな価値を生み出すことも考えられるであろう。しかし、それが合理的配慮の社会的必要性の倫理・道徳的な根拠づけそのものを行っているわけでもない。その活動が、『障害』のある人の生存」に親和性の高いものであり続ける限りにおいて、法的制度や根拠づけの困難さの補完に寄与しうるものでしかない。場合によっては、排除を助長することもありうる。したがって、『障害』のある人の生存」が保障されるためには、社会文化活動の存在だけでなくその役割の内容をも考慮に入れておく必要がある。

（林美輝）

（4） 生存権としての教育と社会文化

教育には「社会化」という機能がある。社会化とは、社会で生きていくために必要な言語、知識、規範（ルール）、文化等を身につけることである。社会化なくして、わたしたちは生きられない。たとえば、識字の能力がなければ、重要な情報を把握できないし、公衆衛生や保健、性に関する知識がなければ、清潔で快適な生活も、自分や大切なひとの健康も守ることはできない。このように人間として最低限度の生活を営むための知識を、私たちは教育によってはじめて手にすることができる。つまり、教育は私たちの生存権を守る根幹にある。学校教育の恩恵を受けてきた人びとにとっては、生存権としての教育の重要性は空気のように感じられるかもしれない。しかし、学校教育制度が不十分な途上国においては、教育こそが人びとの「生命線」であることを考えてほしい。教育は単に教科の知識を教えるものではなく、また、受験を勝ち抜くためのツールではなく、人間として幸福に生活していくための基礎となるものである。

学校教育のなかでも、特に義務教育については、国及び地方公共団体による義務教育の機会の保障が、教育基本法（第五条）で定められている。低所得世帯には就学援助や教育扶助の制度がある。障がいのある児童生徒には特別支援学校、特別支援学級、通級指導といった場が用意されている。また、病院に入院している子どもには院内学級、自宅での長期療養中の子どもには訪問指導を通じて、教育機会が提供される。このように義務教育の制度は、教育の機会均等の理念を体現するものであるが、大別して二点の課題がある。

第一に、義務教育の対象にならない子どもへの就学支援である。外国籍の子どもには就学義務が課されない。保護者の希望によって、教育を受ける機会が与えられるが、適応に関する指導や日本語指導といった課題が残る。また、無国籍の子どもは、外国籍の子ども以上に不就学という課題がある。日本社会が多文化共生社会を目指すのであれば、現状では義務教育の対象にならない子どもが就学し、日本社会でともに生きていくための言語や知識の獲得の支援が今後必要である。

第二に、不登校の子どもの視点から学校教育を見つめ直すことである。不登校には、個々の事情があろう。しかし、そこには既存の学校教育に対する批判がある。学校教育の日常は、集団行動が基本であり、発達段階や特性の異なる子どもを集団のなかに埋没させて成り立つ面がある。また、既存の知や文化の伝達が学校のひとつの役割であることから、多様な価値観が軽視される向きもある。学校教育になじまぬ子どもの視点から、学校のあり方を見つめ直すことが求められる。学校教育がさまざまな課題を抱えるなかで、制度の内外で、多様な場があり、多くの人びとが教育に尽力している[1]。

子どもは一人ひとりが、未来の社会の形成者である。だからこそ、個々の子どもを大切に育み、自立した市民を育てる教育が重要なのである。より良い社会は、いまある社会の現状肯定ではなく、社会の矛盾やそれに対する批判、社会に参加する意識や社会的連帯の先にある。

では、教育はそうした社会文化を醸成できるか。その可能性の追求にあたっては、教育現場の文化を問わねばならない。教育の場が、議論や話し合い活動による問題解決を行う、民主的な場になっているか。教育は、既存の知識や文化の伝達にとどまらず、学習者に批判的思考を促しているか。また、文化的多様性や価値観の多様性を認めているか。教育に直接的に影響を与える学校教員や教育支援職の従事者が、他者の人権を尊重しているか、そして、自身の人権も守られているか。

現在、教育現場は子どもに関するさまざまな課題への対応に迫られている。学校では、教員が多忙のために教員自身の生存権が危ぶまれる状況にある。教員の働き方改革は、教育行政の喫緊の課題である。教員が自由に挑戦的な教育実践を行い、研究と修養に努めることのできる環境づくりが、教育行政によって保障されなくてはならない。教育学では、教育従事者の成長過程や学びに関する学問分野を教師教育という。教育現場の文化と教師教育とを見つめながら、子どものより良き生、自立した市民を育てる教育のあり方を追求していかねばならない。

社会文化の醸成の観点から、既存の教育の枠組みや文脈を問い直し、それらを新たに創っていくことが今後の課題である。

（早坂めぐみ）

（5）「承認をめぐる闘争」としての社会文化

「承認をめぐる闘争」とは、ドイツの哲学者ヘーゲルによって最初に唱えられ、現在では、同じくドイツの社会哲学者アクセル・ホネットによって展開されている社会哲学原理である。人間にとって、他者から自らの存在を認められることは、アイデンティティの形成および維持にとって極めて重要となる。ホネットは、「承認」を、「愛」・「法権利」・「社会的価値評価」の三つに整理し、この三つの承認が満たされているあり方が、人間のあるべき姿であると捉える。反対に、自らの存在を認められないことは、その人のアイデンティティに深刻な危機をもたらす。人間はこのような状態にとどまることはできないため、失われた安定を取り戻すべく、「承認をめぐる闘争」が行われるのである。「承認」は、人間が幸福に生きていく上での前提であり、また、目標でもある。だからこそ、人間は「承認」を求めてさまざまな場面で「承認をめぐる闘争」を繰り広げるのである。これは、恋愛のように個人の場面でも行われるが、しかし、社会自身が、個人の努力を越えて、承認を得られにくくしているような場合には（たとえば、非正規雇用の増加がもたらす低収入によるワーキングプアや未婚の増加）、そのような社会のあり方を変えなければ、十分な承認を得ることができず、人間らしく生きることができない。

二〇一六年、ある母親が投稿したネットの書き込みが大きな話題となった。「保育園落ちた日本死ね！！！」と題したその記事は、日本政府が「一億総活躍社会」と唱え、自分も働いて活躍したいにもかかわらず、選に漏れて子どもを保育園に預けることができず、その一方で、税金の無駄使いを行っている日本政府に対する激しい怒りを訴えたものであった。「一億総活躍社会」や「男女共同参画」が政府の目玉政策として強調されているにもかかわらず、そこから自分は排除されてしまっている。この一人の母親の書き込みは、このような社会に対する変革を企図したものというよりは、個人の感情を吐露したものであったが、瞬く間にネット上で拡散され、同じ境遇の人を始めとした多くの人びとの共感を呼び、社会問題となった。その結果、国会でも取り上げられることとなり、保育所不足の原因となっていた保育士の低い賃金が、翌二〇一七年の四月から二％（月額約六〇〇〇円）引き上げられることになった。一人の母親の書き込みが社会を動かしたのである。しかしながら、公務員ではない保育士の給与は月約二一万円で、全産業平均からすると約九万円ほど低く、この引き上げでは微々たる変化でしかない。だからこそ、待機児童問題はいまだ根本的な解決に至っていない。政府は、「幼児教育・保育の無償化」を二〇一九年一〇月から開始したが、その恩恵に預かるためには、そもそも入園できていなければならない。「保育園落ちた」の悲痛な訴えは、以前ほどの大きな声にはなっていないものの、毎年繰り返されているのである。

そもそも、このような問題が起こる背景には、日本の子どもに対する政策の軽視が大きく関わっている。「少子化」問題の解決は国にとっても重大な課題であるとされていたが、このように子育てがきちんとできない環境では、子どもを産む夫婦が少なくなるのは当然である。また、小学校から大学までの教育への支出がＯＥＣＤの中でも極めて少ないことは周知の事実であり、七人に一人と言われる子どもの貧困もなかなか解消されない。しかし、このような政策を支えているのは、他ならぬ日本国民である。子どもよりも他の政策が優先されるのも、政権選択や、あるいは、無行動（これは、現政策の容認を意味する）の結果である。その根底には、教育や福祉を尊重するような社会文化が、実はしっかりと形成されていないことも大きい。東京の南青山に児童相談所を作ろうとして地域住民の反対が起きたニュースは記憶に新しい。また、たとえ国民が連帯して声を上げる運動が立ち上がっても、それがなかなか継続的かつ大規模に発展していかないという問題もある。これはたとえば、富裕税を廃止する一方で庶民の生活に直結する「燃料税」を増税したことに異を唱えて延期に追い込んだフランスの「黄色いベスト運動」や、「逃亡犯条例」の改正案が民主化を脅かすとして二〇〇万人（市民の四人に一人）が参加して最終的に撤回を実現した香港の大規模なデモとは対照的である。

人びとが幸福に暮らしていくためには、性別に関係なく、一人ひとりが活躍できる社会を作っていく必要がある。そのためには、経済的利害や効率性だけを基準とするのではない、人間の尊厳を尊重する豊かな社会文化の形成が不可欠である。その実現のためには、さまざまな場面における、「承認をめぐる闘争」が重要となる。

（赤石憲昭）

コラム① 高齢者問題

当事者目線から筆者の個人的「高齢者問題」を書いてみよう。

十年前。父は九九歳。四月、食事をせず動かない父を心配して母が救急車を呼び、筆者も一緒に救急病院へ。病院の建物の外に出てきて対応した若い医師は、聴診器もあてずレントゲンもとらず、年齢だけを聞き、受け入れ不能と。さて困った。タクシーで自宅へ。初老のタクシーの運転手は自分も親の介護で苦労した、といいながら父を背負って階段をあがってくれた。他に選択肢がなく、療養型病院に入院。一カ月半の後、五月末に多臓器不全で死去。

母は、九五歳の冬に腎臓病が悪化して父が診療拒否された救急病院に入院。三カ月後に転院、夏には老健のショートステイを利用した。三カ月で退所。家での介護は、腎臓病治療と身体介護（全く歩けない状態）のため困難を極めた。九月、再び老健へ。しかし腎臓病の数値が高く、再入所を断られた。自力で受け入れ先を探すように言われ、結局、かつて入院していた救急病院へ連絡。正規の診療時間が終わっていた土曜日の午後で、責任者は他の病院から出向していた中堅の医師だった。最初に救急病院の研修医が診察、入院できないと言われたが、その後中堅の医師が診察して入院の手続きをとってくれた。「こんな状態では家に帰れないよね」と言ってくれた医師が本当に「地獄に仏」に見えた。一カ月後、療養型病院を探してくれて転院。三カ月後に腎臓病悪化のため死去。二年前のことだ。

義母は九五歳で今年六月まで筆者の自宅近くで一人暮らし。七月の初めに突然歩けなくなり救急車で地域の中核の公立病院へ。診察した若い医師は「入院はできない。緊急の患者ではないのだから、救急車を使わないように」と。全く歩けないので翌日デイケアに通っていた老健に緊急入所、二カ月を過ごした。九月の初めに老健から、胸に雑音がするので念のため病院に検査を受けに連れていくから、と連絡があった。CTをとり、その時点で肺と心臓と腎臓が真白で、全く機能していなかった。九月下旬、この原稿を書いている途中で多発性腫瘍のため死去。

義母の場合の老健と病院は、グループホームや訪問看護などを含む医療財団を構成していて、こうした連携プレーが可能になった。もっとも義母が入院していたのは個室で、入院費は治療費より差額代のほうが大きかった。またどこよりも入院保証金が高額だった。このようにすべてよし、とは言えないのだが、少なくとも高齢者と家族が医療の狭間で路頭に迷うことがないように、と願わずにはいられない。

（黒田慶子）

コラム②　LGBT

レズビアン・ゲイ・バイセクシュアル・トランスジェンダーの頭文字からなる「ＬＧＢＴ」という語が広く知られるようになった。性的マイノリティの人びとが高率で自殺念慮を抱く点が注目され（たとえば、「自殺総合対策大綱」二〇一二年八月二八日閣議決定）、性的指向や性自認が人権課題に位置付けられるようになってきた。その対応への期待は学校教育にも寄せられている。

ただし、文部科学省は二〇一三年に「学校における性同一性障害に係る対応に関する状況調査」を実施し、二〇一五年に「性同一性障害に係る児童生徒に対するきめ細かな対応の実施等について」を通知したように、同性愛より性同一性障害への対応を先行して進めてきた。文部科学省の文書に「同性愛」や「両性愛」という語が記載されたのは、二〇一六年の「性同一性障害や性的指向・性自認に係る、児童生徒に対するきめ細かな対応について（教職員向け）」というパンフレットにおいてである。しかも、このパンフレットでも性的指向に関わる記述は少ないうえ、「一般論として、性に関することを学校教育の中で扱う場合は、（中略）事前に集団指導として行う内容と個別指導との内容を区別しておく」ことの必要性等が指摘されている。

また、小学校では二〇二〇年、中学校では二〇二一年から完全施行される新しい学習指導要領（二〇一七年公示）においても、小四の保健で「異性への関心が芽生えること」が学習内容として示され、中一の保健体育では、「取扱い」として「性衝動が生じたり、異性への関心が高まったりすること」が示されているように、性的指向については「異性への関心」の記述しかない。この改訂にあたって実施されたパブリックコメントでは、「保健体育科などの『異性への関心』を削除すべき」という意見が寄せられたが、文部科学省は「いわゆる『性的マイノリティ』について指導内容として扱うことは、個々の児童生徒の発達の段階に応じた指導、保護者や国民の理解、教員の適切な指導の確保などを考慮すると難しいと考えています」と回答した。ここでいう「国民」とは誰のことだろうか。性的マイノリティについて保健などの授業では扱わずに、対応するとしてもあくまで個別配慮にとどめるべきだという文部科学省の姿勢がここからもうかがえる。「集団指導と個別指導の区別」は、文部科学省が授業での性教育の内容を制限したいときの「マジックワード」になっている感がある。

（茂木輝順）

コラム③　人種主義とジェンダーの「交差性」

「交差性」（インターセクショナリティ）は、アフリカン・アメリカンの法学者であるクレンショウが一九八九年に提唱した概念である。二〇〇〇年代に入り、国連が「交差性」概念を、「複数の差別や抑圧制度の相互作用がもたらす構造的かつ動的な結果をとらえようとするもの」として積極的に採用する。

一九六〇年代、反人種主義運動、女性解放運動、労働者権利運動の間にいたアフリカン・アメリカン女性は、運動内の従属に関心を向ける。七〇年代に、創造的な方法で自らの考えを表現するようになり、ブラック・フェミニズム（BF）と呼ばれる言説と思想が誕生する。七〇年代から八〇年代にかけて、抑圧システムあるいは権力構造の連結分析をテーマに、BFが学問に関与するようになり、八〇年代に「人種、階級、ジェンダー」研究が登場する。この研究の急激な発展に伴い、「人種」「階級」「ジェンダー」の各研究の連携を図り、学問として一つの分野を定義する必要性が出てきた。BFのこうした一連の思想的蓄積を踏まえ、複数の道路が交差する交差点をメタファーとして定義したクレンショウの「交差性」概念が採用される。

BFは、アフリカン・アメリカン女性の経験と思想から、規範、本質、普遍を問い直し、自らの思想を生み出してきた。アフリカン・アメリカン女性を不在化、不可視化、周縁化、他者化、対象化する白人フェミニズムの特権への抵抗を重ね、主体性形成を追究してきたBFの実践と思想から「交差性」概念は生まれた。人種主義とジェンダーを個別のもの、排他的なものとして見る傾向を克服し、既存の理論に変数を追加するのではなく、抑圧が相互に絡み合って立ち現れる混合物の解明と、既存の理論の再構築をめざしてきた。単一カテゴリーに基づく解決策では解けない事実に直面するからだ。BFは、一人の人間を分解してしまう社会構造や権力関係に対し、尊厳は分解することができない、と抵抗に基づく主体性形成を追究している。

日本では、被差別部落女性が一九二〇年代の婦人水平社時代から、「二重三重の差別と圧迫」からの解放を自らの力によって獲得していく必要性を自覚していた。また在日朝鮮人女性は、「交差性」が注目されるかなり前から、「日本人」フェミニズムの民族的視点と植民地認識の欠如、女性の中にある権力関係を批判し続けてきた。私たちはこの声に応答してこなかったのだ。

「交差性」は、社会的権力関係の交差を可視化し検証すると同時に、抵抗と主体性形成追究のための思想であり、女性間の権力関係を問いながらの連帯可能性を追求する思想である。近年、日本における「差別」をめぐる理論的・実践的・政策的アプローチにおける根底からの問い直しが起きている。

（熊本理抄）

コラム④　学校外の学びの場

学びの場は、学校だけに限定されるのではなく、社会教育施設をはじめ学校の外にもある。さまざまな学びの場があるが、ここでは不登校の子どもたちが通う学校外の学びの場に着目したい。

文部科学省の調査によれば、二〇二二年度には約三〇万人もの小中学生が不登校となっている。学校が誰もが通える場になることが望ましいとはいえ、文部省による調査が開始された一九六六年度以降、不登校の子どもがいない時期は一度もなかった。すべての子どもが学校に通うということは、おそらく今後も難しいであろう。フリースクールの源流として知られるサマーヒル・スクールを創設したA・S・ニイルが、子どもを学校に適応させるのではなく、子どもに適応する学校をつくろうと考えたように［Neill 1937］、学びの場は子どもの多様性の尊重を求められていると言えよう。

二〇一六年に「義務教育の段階における普通教育に相当する教育の機会の確保等に関する法律」が制定された。同法は、学校外における教育機会の確保を主要な目的としており、具体的な場としては、教育支援センター（適応指導教室）、フリースクールなどが想定されている。教育支援センターは、主に教育委員会によって設置されている公設機関である。フリースクールは私設機関であり、NPO法人フリースクール全国ネットワークなどの連合組織がある。

また、同法は教育機会確保の場として、学びの多様化学校（不登校特例校）や夜間中学も挙げている。学びの多様化学校は、学習指導要領にとらわれずに不登校の子どもを対象とする教育課程を編成している学校である。夜間中学は、公立中学校の夜間学級のほか、市民活動として実施されている自主夜間中学があり、不登校の子どものみならず、日本語学習を必要とする外国出身者など、さまざまな人びとの学びの場として重要な役割を果たしている［大多和 二〇一七］。

多様な学びの場において教育機会が確保されることは望ましいことではあるが、それが通常学級からの排除を促進しないように注意することも必要である。近年、特別支援学級や特別支援学校に在籍する子どもは急増傾向にあり、「発達障害」があるとされた子どもが学校外の学びの場に通うことも見られる。

日本のフリースクールの草分けである東京シューレを開設した奥地圭子は、フリースクールの存在が学校教育を変えていくと主張している［奥地 二〇一五］。学校外の学びの場が、通常学級から排除される子どもの受け皿となることによって排除を促進するのではなく、子どもの多様性を尊重する教育の可能性を提示することによって学校を変えることが期待されているのである。

（田中佑弥）

第二章　地域づくりから捉える社会文化

地域づくりが何故いま注目されるようになったのだろうか。地方自治体の行政だけでは解決のできない課題とはいったい何だろうか。地域づくりの担い手が住民自身であることを踏まえて、地域づくりの「活動」を社会文化という視角から捉えていこう。そのなかで、教育活動や地域アート活動のもつ意義も明らかになるであろう。

京都の市街地にある町家を借りた旧京都社会文化センター．市民大学や講演会，研究会のほか，地域の様々な活動にも参加した．（撮影　林美輝）

（1）「地域づくり活動」が注目される社会的背景

現在、日本の全国各地の地域で、主体もさまざまに「地域づくり」を冠する活動が展開されている。「地域づくり」という用語が、二〇〇〇年代以降、急速に研究調査のタイトルに使用されるようになった［岡田 二〇一〇］。

では、「地域づくり活動」はどのように定義することができるのであろうか。「地域」という言葉は、ある地域の区画という意味合いから、自治体を越える広域的な領域や大都市圏の区画まで幅広く用いられている。このため「地域づくり活動」という用語の指す意味が捉えづらいのである。たとえば、小田切は、「地域づくり活動」が一九九〇年代後半以降に市民権を獲得したとして、その前に使用されていた地域振興策などを指す政策用語の「地域活性化策」とは異なり、次の三点に特徴があると指摘している［小田切 二〇一八］。

先ず一点目として、国策や大手資本主導による地方でのバブル型リゾート開発に対して地域住民の参画も含めた「内発性」が重視されていること。二点目に、経済成長を中心としたシングルイシューではなく福祉や景観の保全等複合的な地域の暮らしやすさが模索されている「総合性・多様性」が意識されていること。三点目は、一点目の「内発性」に関連して地域内部での意思決定や社会システムを住民によって「つくる」側面が意識された「革新性」を含むものである点が踏まえられていること。これらの小田切の整理を踏まえると、「地域づくり活動」が多様であり、かつ担い手もさまざまである点が、活動が生まれてきた経緯から説明されるであろう。

他方で、これらの整理をもとに、さらに二〇一一年以降の「地域づくり活動」の現代的な課題を踏まえなければならない。東日本大震災により、被災地はもちろん、近隣の大都市圏である東京を中心に、都市機能や既存の都市計画上の課題や高齢社会の問題、さらには公共交通や子育て環境、過疎や限界集落の課題等が改めて見直されることとなった。これらの状況の中、関東以北を中心に、「移住」や「二拠点生活」、「田園回帰」などという、すでに震災以前から確認されていた現象や提唱されていたライフスタイルが一層考慮されることとなった。

そして、二〇一四年には日本創生会議「人口減少問題検討分科会」座長の増田寛也氏（当時）から「提言「ストップ少子化・地方元気戦略」」が示された。これまでも過疎と都市集中の問題が指摘されてきたが、同提言では、二〇一四年時点での特徴として、現在の日本が深刻な少子高齢社会をむかえながら東京一極集中が続いており、このままでいくと地方からの流入人口増加から、「極点社会」として「人口減少」問題が進み、推計のままであれば地方都市では「消滅可能性都市」や消滅する集落をかかえる自治体が発生する懸念が表明された。

同提言以降、政策的な面でも、今までの「過疎対策」とは別の文脈で、主に地方の「人口減少」問題や少子化問題に対する政策が、政府の「地方創生」政策となり、後に「まち・ひと・しごと創生」、「政府主導による地方創生」と名前を変えながら継承されていった。さらに、二〇一四年度「地方創生先行型交付金」（補正予算）から、毎年度、二〇一六年度からは当初予算も加え、地方創生を冠する交付金が自治体の「自主的・主体的」で「先導的」な事業提案に支援されることとなった。つまり国策として二〇一四年以降は地方創生策に、国内の「団体自治」たる「自治体」事務局である行政が、この交付金をめぐって「自治体間競争」の中で「地域づくり活動」を含む地域政策の場面にかかわることとなる。[1]

最後に、これまでの歴史経過を確認したうえで、「地域づくり活動」の担い手を以下の四点に整理しておく。

①自治体行政が主体となる場合。
②地域の産業団体等が主体となる場合
③ＮＰＯ法人等が主体となる場合
④地域の任意団体等が主体となる場合

（中俣保志）

（2）「地域づくり活動」の新たな課題
――「関係人口」、「参画人口」

近年の「地域づくり活動」においては、国策的な政策に地域活動の任意団体が事業として参画していたり、自治体同士が競合的な対抗関係にある側面もあって、対抗的な関係が複合的なものとなっている。地方自治体行政が、国策に対し「人口減少」という「地域経営」的に根本的な課題では、ある種の自立性を持ちうる場合もあれば、行政の展開に対して、地域の団体や法人が「地域経営」的な担い手となり対抗性的な実施者となる場合もある。

このような現代の「地域づくり活動」における担い手の多様性と、一方での地方での自律性をめぐる複雑な対抗関係を踏まえて、「地域づくり活動」の担い手であり「地域」自体の担い手でもある、住民自体への期待と関心が一般化しつつある点を確認する。

「関係人口」という用語がある。田中によれば「関係人口」とは、「すんでいなくても、地域に多様にかかわる人々」とされる［田中 二〇一七］。「移住」や「定住」はハードルが高いのだが、居住はしていないがその地域に関心を持つ人びとという意味としている。「二拠点居住」をしている人びとや「地域おこし隊」などのように期間限定でその地域にかかわる活動なども含む、広い層として捉えられている。「人口減少」への懸念から、「地域づくり活動」が多様に展開する中で、「地域づくり活動」の中にも盛り込む地域も当然多い。しかしながら、一方で、田中が指摘するように、労働と生活環境との構築が課題となる「移住」や「定住」を実行する移住者には、さまざまな点でリスクがあり、継続的に中長期でそのような定住者を増加させる方策ももちろん簡単なことではない。また、一方で「定住」はしていなくとも、その地域においてさまざまな協力をし、地域に影響を与えている担い手も存在しており、「関係人口」という視点は、それらの人びとの存在も含めて「地域づくり活動」を総体的に捉えようという試みともいえる。

同様に、「参画人口」という捉え方がある。「参画人口」とは、「地域づくり活動」に積極的に参与する層のことである。「定住」していたとしても地域に積極的にかかわるか否かということは別であり、ある種の「活動的と捉えづらい住民層」とは区別して用いられる〔河井 二〇一六〕。また、「人口減少」問題に対して取組む際に、地域に無関心な定住者の「人口獲得ゲーム」を行ったところで「地域づくり活動」自体が矛盾を抱えることになる。河井は、「地域づくり活動」においてこれらの「参画人口」の重要性を指摘したうえで、「参画人口」を増加させる「共創参画プロモーション」の必要性を指摘し、「①地域を推奨したいという想い、②地域をより良くするため、まちにかかわりたいという想い、③まちのために頑張っている人に感謝したいという想い」、という「三つの想い」の総量である「地域参画総量」を可視化し定量化し増加させうる計画を「地域づくり活動」においても意図することの重要性を指摘している。

「関係人口」や「参画人口」及び「地域参画総量」という視点は、「人口減少」という課題をかかえつつも、一方で「人口獲得ゲーム」を目指し「移住促進策」の困難な側面に向き合おうとしない「地域づくり活動」の現代的な課題に着目していると言っていいだろう。小田切が指摘した「地域づくり活動」の持つ三つの特性のうち、「革新性」の点で、地域に参与する「地域をつくること」への「当事者意識」と、さらに活動自身の目的が「人口獲得ゲーム」に陥らないための「開放性」との二点が「地域づくり活動」の多様な展開にさらに重要である点を示唆する視点であると言えよう〔小田切 二〇一八〕。

以上、現代における「地域づくり活動」が持つ現代的な意味や、担い手の多様性、現代の「人口減少」問題や国策としての地方創生以後の課題、さらにはそれらの課題を踏まえて実践的に革新的でかつ多様な活動として「地域づくり活動」を展開するための批判的な視点などを確認してきた。ここからさらに、「地域づくり活動」の意義・可能性と現状の課題を確認するためには、個別の課題に対応した事例に即して「地域づくり活動」がどのように展開していくのかを検討し、現在の到達点を確認していくことが求められる。

（中保保志）

（3） 生活課題と地域づくり

今なぜ「地域づくり」が求められるのだろうか。一つは、近年、震災をはじめとする度重なる災害に対応する際、地域社会が重要な機能を果たしているからである。公的機関が機能しない災害初期段階で、頼れるのは地域社会の関係であるだけでなく、その後の情報伝達、支援物資の配給、さらには復興過程も、日常の地域社会の関係のあり方によって左右されるからである。阪神淡路大震災の被害を地域社会の対応で最小限に食い止めた神戸市長田区の真野地区が一つの典型例である。

第二に、少子高齢化によって、家族構成の高齢化と縮小が進んでいることによる。とくに世帯類型では単身世帯が一〇〇〇万世帯を超える。高齢者の単身世帯、夫婦世帯の増加は、災害時はもちろん、日常生活の維持にとって身近な支え合う関係が必要になっている。この少子高齢化に加えて、人手不足を理由に二〇一八年一二月に成立して改正入管法によって外国人労働者が増加する見通しである。彼らは単なる労働力ではなく、生活をする住民である。働き、税金を納めるだけでなく、生活上のニーズ（住居、交通、健康や娯楽、子どもの教育など）を持っている。しかしこれまで、それらのニーズには、政府は応えておらず、当人任せ、あるいは自治体や地域任せであったといってもよい。そうした外国籍の市民にも高齢者が増えており、彼らの気持ちを理解できるヘルパーも必要になっている。そのニーズに応えるために、高齢者協同組合が外国籍のヘルパーを養成している事例もある（愛知県豊田市保見団地）。

第三に、地方分権化政策があげられる。第一、第二の理由は新たなニーズの発生とその対応のために地域社会の関係を再編あるいは構築する必要である。第三の理由はグローバリゼーションという現代社会の構造変動に対応した新自由主義的な政治選択によるものである。すなわち、多国籍化した日本の大企業を基盤にした経済成長を追及するために、中央政府の役割を外交、軍事にシフトさせ、国民生活を支える公共事務を地方自治体に委譲していくのである。その役割を担う大規模自治体をつくるために平成の合併は、地方交付金算定基準を厳しくするという強権的な方法で進められた。

大規模自治体の運営は「協働」という方法による「自立した地域社会」を自治体内部に構築することであった。

「協働」とは住民自治組織やNPOなどのサード・セクターと言われるさまざまな社会集団の力を運営の基礎に組み入れることである。これは「新しい公共」と言われる。総務省が出した「新しいコミュニティのあり方に関する報告書（二〇〇九年八月）」はそのイメージを具体的に描き、その仕組みを「地域協働体」と呼んでいる。このような「協働」という方法による自治体運営は都市内分権制度と言われる。この意味で、地域社会の再生・構築はグローバリゼーションに対応するための基本課題なのである。

では地方分権化の意味は、政府の国民生活の保障の代替機能を「自立した地域社会」に持たせることだけなのだろうか。分権化は従来、住民や市民の自治への参画のために求められてきた。しかしそれは「合併」を通してではない。合併は、むしろ蓄積されてきた自治の社会的空間を壊してきた。

住民や市民の参画のための分権こそが求められる。なぜなら、グローバリゼーションや少子高齢化は「標準的」人生経路を壊し、人生を多様化するからである。外からだけではなく、内部からも多様な志向や生き方が生まれつつある。しかし、これまで外国籍の住民に対してだけでなく、文化や気質の異なる者に対しても「オタク」「KY」といったラベリングによって排除してきたのではないか。見方を変えれば、グローバリゼーションや少子高齢化は、一方で格差と貧困をもたらしているが、他方で、個人が個人として生きる文化や関係の形成を生活課題として提起し、個別性の高い多様なニーズを創造していることを意味していると言えよう。こうしたニーズは画一的な行政施策では対応できない。そこにこそ、「協働」という方法が意味を持つのである。地域社会が住民や市民相互の出会いと理解を深めるコミュニケーションの場を、生活課題を自己責任に押しとどめずに表出できる場をどう組み立てられるかが現代的な地域づくりの課題である。政府・行政はそうした住民や市民の活動や事業をサポートする役割と地域社会レベルでは対応できない格差や貧困の是正に責任を持つ、そのような地域の自治的関係（システム）を展望しておきたい。

（小木曽洋司）

（4）農山村の地域づくりに向けた視座

国土周辺部の集落が限界状況にあるとか、地方自治体の存続が困難に直面している状況に、社会文化研究はどう取り組むことができるだろう。縮小する日本社会における地方や農山村が持つ意味は大きく変化している。地域の課題や地域づくりの進め方についての政府や自治体の視点、あるいは住民の価値観や問題意識は同じではない。地域の実態を見据え、新たな課題を設定することが求められている。社会文化研究の視点には、その課題を捉える方法論や運動の方向性の展望を拓く可能性がある。

農山村を取り巻く現代日本社会そのものを人類史的観点から位置づけて展望する考察に広井［二〇一五］がある。人類はこれまでも成長と停滞の過程を繰り返してきており、いま私たちは、科学技術の発展が導く「ポストヒューマン」状況か、成熟・定常化へと移行していく「ポスト資本主義」へ向かうかという岐路に立っている。後者の途上に現代日本の地域やコミュニティをめぐる問題群を位置づけることができるという。

地域問題の場としての戦後日本の農山村に向けられた政策は、生活・生産基盤の整備に主眼が置かれてきた。国土計画における「均衡ある発展」を目指した政策はその端的なものであり、過疎法や山村振興法など特定地域に対する施策が地方自治体レベルでの取り組みを補完してきた［中川 二〇一四］。こうした動向は一九九〇年代後半から急転換し、五番目の国土計画を「国土のグランドデザイン」と称し、過疎法が「地域自立」を標ぼうする中で「豊かな自然環境に恵まれた二一世紀にふさわしい生活空間」、「地域産業と地域文化の振興」による個性豊かな社会創出の場として、農山村が位置付けられるようになった。こうした動向をどう理解すればよいか。

ひとつの鍵は、農林業や農山村の「多面的機能」への関心の高まりにある。一九九〇年代の中山間地域対策により、中山間地域に重なる多くの地域の農林業の営みは、農業生産と農地保全とに分離するデカップリングが政策化されたのである。他方、世界遺産制度において文化的景観の概念が登場するのもこの頃である。国内では、文化財保護法改正（二〇〇四年）によって、「地域における人々の生活又は生業及び当該地域の風土により形成された景観地」は重要文化的景観に指定されることとなった。地域に根付いた農耕の風景は文化的なものとみなされ保護の対象となった。すなわち農山村の価値は、生産機能からさまざまなスケールの生態系や環境の保全、さらには地域の伝統文化の維持へと多様化し、景観がその表象として価値づけられた。

農山村の景観への関心の高まりは、英語圏では、農村空間の商品化に関連して活発に議論されてきた。二〇世紀が都市化（urbanization）の時代であったとすると、二一世紀は田園回帰（ruralization）の時代であるとの言説もみられる［ウッズ 二〇一八］。確かに先に述べた国内の政策動向は、萌芽的ではあるが二〇世紀末に表れたものである。逆説的ではあるが、縮小社会における地方や農山村の困難のさらなる深化がその背景にあるとみることもできる。他方では、反都市化（counter-urbanization）の動向が顕著になりつつあることも指摘されている。いずれにしても、かつての一村一品運動のような生産主義的な内発的発展論から、都市との交流を通じた新しい発展への展望（ネオ内発的発展論）がさまざまな試みを通して拓かれ、都市—農村交流の意義を地域存続の戦略に位置づける枠組みが提示されている［小田切 二〇一四］。芸術活動を通じた交流や社会教育を含めた教育現場の取り組みの広がりは［中川 二〇一九］、社会文化学会の掲げてきた視点と重なり合っている。

他方、農村空間の商品化としてこの動向を捉える見方には両義的な側面があることにも注意が必要である。農山村の経済振興に結びつく側面もあるだろう。ベスト［Best 1989］は、使用価値を交換価値が上回る商品の社会は、スペクタクルの社会（ドゥボール）、さらにはシュミラークルな社会（ボードリヤール）へと進展するという。農村空間の商品化は住民の生活領域をも浸食し、パッケージ化し、また、ストーリーの中に描かれた世界に表象化された現実の農村空間が消費にさらされることによって、培われてきた伝統や現実の姿が歪められ、真正性を損ねる怖れもある［見田 二〇一八］。これらに照らして、一九九〇年代のリゾート列島化や今日の聖地巡礼を踏まえて農村空間の商品化が地域にもたすものは何か、慎重に考えてみる必要がある。しかし、このことは文化・芸術活動やその交流を通じて地域の内発性が拓かれる可能性を否定するものではない［北川 二〇一五］。都市化の時代を過ぎて、農山村は多様な価値の創造・再創造の重要な鍵となっているのだ。

（中川秀一）

（5） 教育と地域づくり

地域づくり活動の展開は、その地域におけるさまざまな担い手要素によって展開されているが、同様にここ数年の地方における「教育」の動きでは、さまざまな展開がはかられている。その点を、以下確認してみたい。

まず、地方における教育や教育行政の変化を確認しておこう。二〇一四年六月に改正され二〇一五年四月から施行された「地方教育行政の組織及び運営に関する法律（以下、「改正地教行法」）では、これまで各自治体で設置されてきた教育における行政委員の教育委員会で、委員会の長と事務局をつかさどる行政組織の長であった教育長とが兼任し教育長に統合されることとなった。この改革により、いわゆる教育行政における自律性や、「レイマン・コントロール」とされる、専門家任せにせず政治的な通率性を保つ民衆による管理を根拠づける原理からかい離していくのではないかという指摘が専門家からなされた。

一方で、この改正では、二〇一一年におきた滋賀県大津市でのいじめを原因とする中学生自殺事件や、当時の大阪府や大阪市での教育委員会制度に対しての首長からの批判なども背景の一つとされている。いわゆる首長部局の教育行政におけるガバナンスや、既に総合計画などに教育政策が盛り込まれており、教育行政も含む総合行政の主体としてとして自治体行政を見た場合はある種「現実的な改正」と見做される。

いずれにせよ、地方において、行政組織として教育委員会制度は残ったものの、「改正地教行法」では、首長主導で教育行政も所管していく点が強化された点は明確であろう［坪井・渡部編 二〇一五］。

さて、一方で、地方における人口減少の課題解決の点、特に総合政策の点から、教育行政が見直された事例がある。「高校魅力化プロジェクト」がそれである。「高校魅力化プロジェクト」は、現在複数の地域で展開されているが、その先駆事例となったのは、基礎自治体レベルで言えば、二〇〇六年の海士町での島根県立島前高校における事例であり［山内ほか 二〇一五］、都道府県単位で言えば、同じく同年に県教育委員会に設置された「魅力と活力ある県立高校づくり検討委員」の活動[(1)]がそれにあたる［藤岡 二〇一七］。

そもそも、海士町においては町内流出人口、島根県全体としては県流出人口の抑制を検討した際に、高等学校の廃止が域内流出人口の大きな原因になる点が懸念され、基礎自治体と県との共通認識のもとにこれらの取組の検討が始まった点が資料から確認できる。現在各地で展開されている「高校魅力化プロジェクト」においてもこの点が各地域で意識されており［樋田 二〇一八］、特に島嶼部にある県立高校が存在する地域では、高校の廃止は、教育機会の損失でありまた中学など高校就学以前からの生徒流出を招きかねない点や学校関係者の消費する地域経済上の意義、さらには移住者が家族で移住する際の阻害要因になるため、域内人口維持にかかわる大きな問題となりうる。そうした危機意識と、一方で適正規模を設定し少人数教育を意識的に取り組んだり、地域性や生徒の参加意識を高める教科内容の開発に取組んだり、へき地や島嶼部で地方では十分に展開できない本来民間の教育産業が取り組んでいる学習塾を補う公営塾を学校と連携して設置するなどの取組を行っている。さらにはこの公営塾は現在ではネットワーク化も行われ、遠隔教育などにも取り組んでいる(2)。

　さらに「高校魅力化プロジェクト」では、幾つかの高校で「県外留学」で生徒を高校に呼び込み、大学進学で生徒が一度地域を離れるものの「自分と地域をつなぐ夢を持って進学する生徒が増えている」点も報告されている［樋田 二〇一八］。

（中俣保志）

（6）　地域アート活動と地域づくり

本来は生活と結びついて存在していたはずの文化を、改めて人びとの手に取り戻しながら地域づくりと結びつけようとする試みが、主に一九七〇年代から進められてきた。さまざまな分野の芸術文化が活用されているが、主にアートの領域から見ておきたい。

アートを社会に開く最初の試みの一つは、ワークショップの展開である。それはまちづくりや美術館等で活用され、市民が互いにそして専門家とも対等に協働していく活動である。それが市民に開かれたまちづくりや美術館づくりを広範に生み出していく契機になっていった[(1)]。もう一つの試みはパブリック・アート（public art）の展開である。それは公園や街角等の公共の場に美術作品を常置するプロップ・アート（prop art）として始まり、その後欧米ではさまざまな意味が込められて展開され、その一部が日本にも取り入れられてきた。一九八〇年代には、設置される場所に特有の意味を込めて制作するサイト・スペシフィック（site specific）、公共的事業の費用の一定割合をアートに充てるパーセント・フォア・アート（% for art）、恒久性を求めずに一時的に成立させるアート（temporary art）が展開されはじめる。そして一九九〇年代には、社会的メッセージを明確に込めたアートの展開、建築家による建物や都市の設計にアーティストも参加するコラボレーション、さらにそうした設計に市民の意見を取り入れる市民参加も進むようになる。

一九九〇年代以降にはワークショップやパブリック・アートの手法も組み込む形で、アートを生かして地域（まち）づくりを進めるアート・プロジェクトが展開されるようになる。その背景には、文化芸術と産業経済の創造性を一体的に追求する創造都市（creative city）づくり、すなわち文化による都市や地域の活性化のねらいがある。欧米各国やユネスコに続いて日本政府も、二〇一四年に文化芸術立国中期プランを策定し、自治体に創造都市ネットワーク日本への加盟を勧め、近年急速にアート・プロジェクトの数が増加している。しかし政策や資源の十分な見通しがないために短期間で終息する恐れがある取組がしばしば見られる。またある程度長期にわたって持続している中にも、大別すれば〈都市型〉と〈地域立脚型〉と特徴づけられる二つの性格の異なる展開を見て取ることができる。

日本で展開されるアート・プロジェクトは、多く場合は行政が主導し、企業が協賛し、芸術監督が選出され、アーティスト、行政、そして企業の三者によって実行委員会が組織され、企画・実施されていく。そこで展開されるアートは、現代美術作品を中心とするが、それだけにとどまらずに音楽、演劇、ダンス、パフォーマンスなど多様なジャンルが集結しコラボレートする。

その中で〈都市型のアート・プロジェクト〉は、都市としての新たな活性化をねらいとする自治体としての政策にもとづき開催され、内外のアーティストによる独創的な作品の展示を通して多くの来場者を確保していく。たとえば代表的な一つであるヨコハマトリエンナーレでは、二〇〇一年に第一回が開催される際に、横浜市は「文化芸術創造都市（クリエイティブシティ・ヨコハマ）」構想を掲げ、創造産業の従業者数を二倍の三万人にするなどの数値目標も示して取り組んだ。そして来場者の推移は、横浜は三〇万人前後、二〇一〇年に開始したあいちトリエンナーレでは六〇万人前後と、興行的には成功している。したがって、多くの市民がアートを享受する機会が増えたことにより、アートが市民に近くなり開かれてきたと指摘できるが、アートと市民の関係が変化するには至っていない。

他方で〈地域立脚型のアートプロジェクト〉は、地域の自然と歴史に目を向け、それらを尊重しようとするところに特徴がある。アーティストに求められるのは、地域社会と脈絡のない外在的で個人的な作品を持ち込むことではなく、当該地域の自然と人びとの生活に内在する価値を発見し、アートを通してそれらを芸術的に提示し人びとと共有することである。これらの制作はしばしばアーティストと人びととの協働によって進められる［北川 二〇一五］。

アートプロジェクトの是非をめぐってさまざまな議論が提出されている。一方で都市の再生や地域活性化の新しい方向と評価し推進しようとする論調と、他方でその取り組みが地域の価値の発見と尊重、あるいはアートとしての質やアーティストと人びととの関係の転換に寄与する限り認める立場などが見られる。さらにアート本来が持つ批判性・異端性を失わせると根本的に批判する議論も示されており、地域づくりに関わるアートの役割や性格を改めて確認することが求められている［藤田編 二〇一六］。

（山田康彦）

コラム① 団地という「住まい」のゆくえ

一九六〇年代、経済の高度成長期に誕生した郊外のニュータウンでは独特の文化が育まれた。団地族と呼ばれる同質性の高い集団はコンクリートの分厚い壁によってプライバシーが守られた。それとともに同質性を持つがゆえに独特な文化も生まれたのである。この団地族の担い手は、団塊の世代である。この世代が平和と民主主義の時代において、つねにイニシアチブを握っていたといえる。しかしながら、かれらの論理においては、団地内での同質性がいわばベンサム流の「最大多数の最大幸福」のように考えられていたがために、ある種の排除のシステムが働いていたのではないだろうか。その同質性の典型例がクルマであった。同じ世代の子持ちの通勤型労働者は、自家用車所有者でもあった。その標準から外れた者は、同じ世代であっても変わり者として見られていた。この時代の男女役割分担において、地域を支える女性が平日の昼間にPTA活動をして、買い物や幼稚園通いするライフスタイルのために、自家用車二台を所有する家庭も不思議なことではなかったのである。

このクルマ文化こそがその後の世代にツケを回したといえる。何よりもまず社会的費用として次の世代に負担をかけているとの認識が甘かった〔三宅 二〇一七〕。そして今日、同質性を謳歌した世代が運転免許を返上しなければならなくなった。エレベーターのない中層住宅に取り残された団地居住の高齢者の出現とともに、「買い物難民」が現実的課題となっている。これは単なるフードデザート問題ではない。一日中、誰とも話すことなく、テレビだけが一方的なコミュニケーション手段となっている高齢者が存在する団地は、「住まい」として正常とは言えない。このままでは「孤立死」となってしまうとの危機感が、高齢者の高齢者による高齢者のための「居場所カフェ」の取り組みにつながっている〔三宅 二〇一八〕。そうした取り組みは、今後増加が予想される外国人居住者とのコミュニケーションの場として、地域の社会文化を形成する拠点になりうる。他方、空き家・空き地が問題となりながら住宅開発が続いている矛盾に対して、コンパクトシティによって解決しようとするのは、団地が抱えている問題をさらに悪化させるにすぎないであろう。

ある者は人生双六の上がりとして、団地暮らしから庭付き一戸建て住宅へ転居して行った。また、ある者は独り暮らしとなった果てに施設入所の道を選んだ。しかしながら、ニュータウン内の団地の空き家は存在し続ける。そうした「住まい」の希薄化・空洞化は日本の未来図でもある。今後、社会関係資本にしっかり目を向けていかないと〔三宅 二〇一九〕、ニュータウンだけでなくインナーシティもゴーストタウンとなる日も近いであろう。

（三宅正伸）

コラム②　「地域通貨」

筆者が参加していた東京の多摩ニュータウンを中心とした地域通貨のグループ、「COMO倶楽部」が活発に活動していたのは二〇〇一年から五年くらい。二〇〇〇年代には、地域通貨のブームが全国でおこり多くは消えていったが、二〇一〇年代には、また新たなスタイルで地域通貨の活動が展開し、雑誌の特集や「天声人語」でとりあげられたり、ネットのメディアに登場している（最近のリストは、http://cc-pr.net/list/）。

地域通貨は、互酬的なモノやサービスのやりとりに、実体的な疑似通貨を使うところが特徴だ。たとえば、東京近辺では国分寺の「ぶんじ」、八王子の「てんぐ」、神奈川県藤野の「萬」「ゆーる」「廻」などがある。

「ぶんじ」は、二〇一二年の国分寺の祭り「ぶんぶんうおーく」を契機に活動開始した。言いだしっぺは、実に多彩な活動にかかわっているY氏。氏は活動の拠点の一つ、「カフェスロー」の代表者でもある。Y氏にお話を伺いに、「カフェスロー」に行ってきた。「ぶんじ」のメンバーは約一〇〇人、企画チームにはY氏もかかわっているが、Y氏によれば中心は三〇代で一週間に一度はネットで議論、一〇〇人のメンバーの交流もネットを使い、フェイスブックで情報交換しているとのことだ。国分寺の都市近郊農業と地元の商業とを地域通貨でうまくつなげたいというのがY氏の野望だ。「ぶんじ」のホームページには「農業プロジェクト、草取り隊」の記録を見ることができる

だが実際にはフランチャイズの商業施設が多いので、地元経済には関心がなく地域通貨が使えない。字数の関係で詳しく書けないが、メンバー五〇〇人、三種類の地域通貨が流通している藤野と、ここが違う点だ。

事務局の青年Y君によると、「ぶんじ」の最近のトレンドは手仕事だとか。それは藤野との共通点でもある。底流にある大きな流れを感じることができるような気がする。

世界に目をむければカナダでうまれた「レッツ」、アメリカの「タイムダラー」や「イサカアワーズ」など、歴史も性格も異なる多様な地域通貨が存在する。継続して続いているところは、行政も一体となって地域経済発展の一環になっている、とはY氏の弁。地域通貨には人をひきつける不思議な魅力がある。地域づくりのためのツールであり、多くは「しかけ」という役割を持つが、単なる「しかけ」ではなく、ベースには長い思想史的流れがあるからだ。興味のある人は是非、シルビオ・ゲゼルや、カール・ポランニーなどの原典にあたってほしい。

（黒田慶子）

コラム③　生協

生協は大型スーパーの一つと思われているかもしれない。しかし、生協は市場の欠陥を矯正する役割を持って生まれてきた存在だ。各地で市民生協ができたのは一九七〇年代で、その基本的性格は、市民有志が安全な牛乳等の食品を得るために、生産から消費までのプロセスを「顔の見える」関係として組み立て、生産者と消費者を対立させる市場の欠陥を越えようとする生協運動である。一九八〇年代に急成長した生協は、合併による大規模化が進み、組合員による組織のガバナンスの後退、運動と事業の分離、職員の賃労者化といった傾向が生まれ、大手スーパーとの「同質化競争」から抜け出せないでいることが大きな問題として指摘されている。とはいえ、私の住まいの近くにある生協店舗にはSDGs[(1)]の一七の目標が掲げられており、商品事業を通した社会的課題への取り組みは生協によって、強弱はあれ、常に追求されている。

生協は消費者生協と言われるが、実は「生活協同組合」であって、生活のあらゆる領域を事業対象として取り組むことができる。介護保険導入を契機に福祉分野の事業を展開する生協も増えてきたが、近年、今までにない取り組みが広がっているので紹介しておきたい。

二〇〇二年に、生協しまねの組合員が立ち上げた有償たすけあいシステム「おたがいさま」である。近年、一〇県二〇組織まで広がっている。[(2)]この「おたがいさま」システムの最大の特徴は、「おたがいさま」の役割にある。住民の誰かが応援依頼してきたとき、「おたがいさま」組織がその解決を請け負うのではなく、助けてあげたいという人を探し出して、両者の係わり合いを媒介するのである。自分たちが請け負うと、自分たちのやれることしか受けられないからである。したがってどんなニーズであれ、まずは「ニーズ・ファースト」であることを活動の基礎においたのである。困りごとに限らず、自分を生きる上でやりたいことも言ってくださいというメッセージなのだ。事例集の中には馬券買いの手伝いなどもある。なぜその人が馬券を買いたいのか、まずはじっくりその人のニーズを理解することから始まる。つまり関係を築く中で解決を探るのである。ますます多様化する人生を支える地域の関係を築く活動といってもよい。自己責任論によって「助けて」が言いにくい現代社会に風穴をあけるユニークな活動ではないだろうか。この活動を可能にしている一つの条件はコーディネート役の組合員の聞く力、人を探すネットワークである。それを育てているのが生協の活動であることも重要な点である。

（小木曽洋司）

コラム④　京都社会文化センターの活動

二〇〇〇年、京都の社会文化育成および文化交流を通じた「まちづくり」のための事業を目的としてNPO法人京都社会文化センターが設立された。二〇〇九年、その付置機関としての市民科学研究所が社会文化研究活動や機関誌発行のために生まれ、さまざまな社会的事業を実施してきた。大学での講義や市民講座のテキストともなりうる市販本は八冊を数え、また、機関誌『市民の科学』発行も通巻第一〇号となっている。同年、これらの事業を行なう本拠地として、京都では「田の字」と言われる下京区の旧市街地の京町家を、賛同者で拠出し合って借りることになった。NPO法人京都自由大学の講座も開催され、時間制限なしに議論のできる京町家キャンパスは、まさに市民的公共性を語るサロンとなった。地元商店街組合との地域連携も順調と見えた一〇年間であったが、ファンドレイジングの行き詰まりから撤退を余儀なくされた。この一〇年間においては国際活動も行なわれ、韓国からの使節団の受け入れやハンブルグ市の社会文化センター「モッテ」の代表者の講演など、京都での民間外交の先駆け的な役割も担った。中でも、現ソウル市長の朴元淳氏の招聘などはそれは圧巻であった。

京都社会文化センター京町家の設置の目的は、東京に代表される経済合理性貫徹の消費文化へのオルタナティブであった。市民が会員となり、自由に使える場を提供する。そこには公権力による公共への抵抗の文化すら芽生えた。市民とは何の権力も有しない市井の民であって、大学の教員などが高邁な理論で教化する対象ではない。むしろ教員が市民に学ぶ場であった。一歩敷居を跨ぐと、そこは市民としての自由と平等が保障された空間であった。構成員に大学教員が多くいたのは、現在の大学が経済合理性と権威主義の牙城となっていることへの抵抗であった。死んだ知識の専門家が学術としての知識を切り売りすることによって、若い学生をブラック企業に送り込んでいるのではないかという反省もあった。またそれは公権力によって出来上がった制度ばかりを検証・批判する知識人への実践的な反証であるともいえよう。そこには、市民こそが社会の仕組みを動かしているのだという認識をもった市民科学者が、市民のためにならない知識や技術によって人としての道を誤らせてはならないという誓いがあった［三宅 二〇一二］。

京都に芽生えた社会文化の息吹は京町家という本拠地を失うことになったが、決して無駄な一〇年間でなかった。大量に出回るモノの文化は、かつての王侯貴族でも味わえなかった消費的豊かさを生んだ。しかしそれと引き換えに、ヒトの文化としてかけがえのないものを失ってしまったのではなかろうか。そのことを問題提起した一〇年であった。

（三宅正伸）

コラム⑤　コミュニティ概念再考

「なまはげ」を含む一〇件の来訪神行事が二〇一八年にユネスコ無形文化遺産に登録されたことは記憶に新しい。無形文化遺産は「生きた遺産」[1]と呼ばれているが、世界各地にはじつに多様な無形文化遺産が存在する。[2]これらを無形文化遺産として統一的に理解する際に重視されるのがコミュニティである。

とはいえ、無形文化遺産条約では、コミュニティの主体が何であるかについて定義されていない。それは、条文を起草するための会合で合意が難しかったからである［七海 二〇一二］。日本のコミュニティを、地域に依拠した住民のネットワークとして捉えた場合、ネットワークとしてのコミュニティ自体に重点を置くのか、それともネットワークを形成している個々人に重点を置くのかによって、コミュニティ概念の理解はかなり異なることになる。前者は従来型の町内会・自治会に代表され、地域全体の課題に包括的に取り組むのに対して、後者は地域社会再生の動向のなかで近年現れ、地域に依拠しつつ個別の課題解決を目指し、地域住民以外のメンバーが参加することも多い。

このように対比的に捉えるならば、後者のタイプをコミュニティ概念の枠で必ずしも捉える必要はなく、アソシエーション概念で捉えることができる。コミュニティとアソシエーションは、マッキーバーによってなされた集団類型としてよく知られている。コミュニティは、一定の地域に自生的に住み、生活のさまざまな側面にお互いがかかわっている集団であるのに対して、アソシエーションは、特定の協働的関心や目的を実現するために作られた集団である。地域を基盤にしながら、市民の手で問題を解決しようと取り組む集団の多くは、このアソシエーションであるといってよいであろう。特定の課題を解決するために、個々人の主体的参加によって自覚的な人間関係による集団が形成されているからである。

ところで、「地域性」と並ぶコミュニティのもう一つの特徴とされる「共同性」についていうと、コミュニティが地域性に根差した温かな心情で結ばれたもの（これはムラ共同体的な意識の残存にもなりうる）であるのに対して、アソシエーションは、特定の目的によって組織された集団であるがゆえに、冷たい人間関係であるという印象を持たれることもある。しかし、目的を達成する過程のなかで他者と協働することにより個々人が社会につながり、集団的なアイデンティティを持つことにより、アソシエーションも、その「共同性」[3]を獲得しうるであろう。

冒頭で述べた「なまはげ」もそうであるが、現在進行している高齢化のなかで文化を継承する担い手の不足が深刻になっている。従来のコミュニティの枠を超えたアソシエーションによる取り組みが切実に求められている。

（大関雅弘）

第三章　生きるための社会文化

不安定な時代を生きぬく若者たちによる「生きる場」づくり。かれらによる新しいつながりの模索、あるいは「居場所」づくりを社会的に支えていくにはどのようにしたらよいのであろうか。肝要な点は、物理的・経済的環境の整備に留まるのではなく、「社会のなかで生きている実感」を得られるような、文化的基盤を整備・確立していくことにある。

とある居場所の様子.「問題解決」「成果」という軸では測れない社会文化的地盤がそこでは生成されている.［佐藤真紀　撮影］

（1）不安定な時代を生きぬく若者たちの模索

「若者文化」という言葉をめっきり聞かなくなった。団塊世代から新人類世代へと、かつて戦後生まれの若者は、集団的な文化的主体として捉えられ、大人たちの伝統文化に対抗し、これを覆す若者文化の担い手であった。同時に大人たちは眉をひそめつつも、「若者」という言葉に積極的な価値と「希望」を見いだしていた。ところが一九九〇年代以降、「ロスジェネ」や「ゆとり」などの世代論はさまざまに論じられたが、若者が集団的な文化的主体として語られることはなかった。逆に「若者」は、非行や犯罪、失業や貧困などの否定的な社会現象の焦点となった。多くの世代論は原因を若者自身に求め、大人たちは根拠のない若者批判論をくり返してきた。

一九九〇年代を境に、若者を取り巻く状況が大きく変化したことはまちがいない。かつて若者が集団的な文化的主体であったとき、それは引き続く経済成長の時代であった。後から来る者たち（若者）は、集団としておのずと引き続く発展と成長の担い手だったのである。団塊世代は戦後の工業化と高度経済成長がもたらした社会の文化的変容を担い、新人類世代は脱工業化段階の経済発展がもたらした文化的変容を担った。前者は工業化社会（生産社会）の、後者は脱工業化社会（消費社会）の文化的変容を、それぞれの若者文化として創出したといってもよい。その点で、経済成長の停止した一九九〇年代以降の時代において、若者が集団的な文化的主体として語られなくなったことは不思議なことではない。もともと大人への不安定な移行期を生きる若者は、経済成長が停止し、個人化と階層化が進行するこの時代において、移行期のリスクに加えて、進行する個人化と階層化のリスクを、二重のリスクとして経験する最初の世代となったのである。

かつての若者文化が引き続く経済成長の精華であったとするなら、一九九〇年代以降の若者は、「失われた二〇年」のゼロ成長下で、文化的にも「失われた世代」であったということになるのであろうか。大人たちは、この世代の若者を「絶望」という言葉で形容し、悲観的な世代論と若者批判論に終始した。だが、二重のリスクのなかで大人へ道を模索する一人ひとりの若者は、それぞれの模索のなかでただ絶望していたわけではない。そこにはそれぞれの移行期の模索の物語があった。そして近年、驚きをもって注目されたのは、この時代以降、幸不幸を問う質問に「幸せだ」と答える若者が大きく増加していたことである。それを未来への絶望の裏返しにすぎないと見る論者もいるが、それは、二重のリスクを生きぬく若者たちの模索の物語への無理解というものであろう。

ここで述べておきたいのは、一人ひとりの若者の模索は、身近な世界でそれぞれに「幸せ」の意味を紡ぎ出す営みでもあったということ、さらに視点を大きく転換して見れば、いっけん不可解なこの「幸せ」は、かつての若者文化以上に根本的な文化的変容の可能性に通じている、ということである。二重のリスクの渦中において、いま若者たちが模索しているのは、経済成長に依存するかつての若者文化とは異なり、経済成長の停止した社会をどのように「幸せ」に生きるか、なのである。社会学者のD・リースマンや見田宗介が言及しているように、人類もまた一つの生物種として、近代という人口爆発（高度成長）の時代を終えて、やがて人口減少ないし定常化の局面に達することになるという。二人は近代に続くその局面に、経済競争から解放された人びとの「喜び」や「幸福」の感受性の転換を予感して、現代社会の可能性と課題を論じていた。

たとえば、二〇〇〇年代に入ってシェアハウスに住む若者が急増していることを考えてみよう。当の若者たちは、たんに経済的利便性だけを求めているのではない。階層化と貧困化を生きぬく若者は、そこでは所有と消費ではなく、共有と共存（シェア）に喜びや幸福を求める若者であり、個人化する社会のなかで、家族ではない異質な他者との新しいつながりを享受して暮らそうとする若者なのである。高度成長期の人びとにとって、マイホームこそが人生の夢と目標であったが、いまの若者は、マイホームの夢に憧れ踊らされることはない。物質的な所有と消費に突き動かされたかつての時代とは異なり、いまの若者が追求するのは、他者との共有や共存のなかに感受される喜びや幸福なのである。久しく経済成長が停止し、人口減少期に入った日本において、いまを「幸せ」だとする若者が増加しているのは、この感受性の転換が静かに進行していることを意味するのではないか。

（豊泉周治）

（2）若者の居場所づくりと文化活動
——制度化の時代の〈居場所〉論へ

若者の社会的排除が社会問題として取りざたされるようになって久しい。一九八〇年代の「不登校」に端を発したそれは、続く一九九〇年代に「ひきこもり」、二〇〇〇年代に「ニート」と関連領域に派生していき、それらを包括するカテゴリーとして「困難を有する若者」へと統合されるにいたった。一方で、少子高齢・人口減少社会においては若年層がマイノリティとなることもあり、「若者」それ自体が「困難を有する」との見かたも生まれていった

こうした「若者の排除」への対策として、一九八〇年代より市民社会が採用してきたのが〈居場所〉あるいは〈居場所づくり〉という方法である。いじめ・暴力などによりそれまでいた場所から排除され、存在や尊厳を脅かされるようになった子ども・若者たちに、安全・安心・承認が確保された〈居場所〉を供給していくというもので、当初「不登校者」限定でつくられていたそれらは、この三〇年の間に他のさまざまなカテゴリー向けに拡大適応されるようになっていった。

燎原の火のごとく広がっていくこれら市民社会の動きに、当初は否定的でさえあった行政も、次第に態度を変えていく。市民発の社会実験の果実を行政が制度にとりこんでいくプロセスの始まりである。かくして、二〇一〇年代も終わろうという現在、〈居場所〉は各地で制度・政策の語彙としても定着しだしている（たとえば、筆者の活動する山形県では、二〇一三年に「若者相談支援拠点」制度が創設され、県内各地の複数の拠点で公設民営の〈居場所〉が提供されている）。

ところで、そうした制度化に際しては、「不登校」「ひきこもり」といった特定のカテゴリーに合わせて支援の枠組が設定されるのが一般的である（たとえば「不登校の居場所」「ひきこもりの居場所」というように）。こうすれば、「居場所」というなじみのない概念をも既存の縦割りの専門性のどこかに紐づけることができるので、行政的にも好都合なのだろうと思われる。しかし、そうした特定カテゴリーの当事者経験の共通性へと活動や支援を特化させていくことは、実は〈居場所づくり〉が持つダイナミズムと抵触する側面がある。どういうことか。

〈居場所〉は、ホッとできて自らのいろんな思いを率

直に口にできる―ということが謳われ、期待されている―場所である。ゆえにそこでは、居合わせた人びとのさまざまなニーズが露呈する。困難や苦悩への感度が高いスタッフたちはそれらを敏感に察知し、拾いあげ、その解決に向けたしくみづくりに着手していくだろう。するとその場は次第にさまざまな当事者性を混在させていくことになる。結果、その〈居場所〉は、特定カテゴリーの経験の共通性に基づいた当事者性のみが幅を利かせる場ではいられなくなっていくだろう。

このとき、複数の当事者性の衝突や摩擦を、〈居場所〉ではどんなふうに回避／低減しているのであろうか。居合わせた人びとがいがみあっているような場所に安心・安全・承認は宿りえないだろうから、これは〈居場所〉の死活問題である。思うに、ここでクッションの役割を果たしているのが〈文化〉というカテゴリーに分類されるような諸活動である。そこが若者たちの〈居場所〉なのであれば、その場所に集う若者たちが日ごろから親しんでいる〈若者文化〉の諸活動がカギとなろう。

たとえば、映画。筆者の運営するあるフリースペースでは、映画の自主上映活動にもとりくんでおり、その上映会活動の場が、さまざまな当事者性を持つ若者たちが共通のミッションのもとにゆるやかに集い、つながれる場として機能していた。映画の他にもフリースペースの日常に重なるように、さまざまな文化活動のレイヤーが稼働しており、若者たちはそのどこかにゆるく属し、相互にすみわけ、ときにそれらを渡り歩いたり併用したりしながら、必要な資源をお試し的に調達し利用していた。

このように、若者の〈居場所〉においては、〈文化〉という領域がカテゴリー間のすきまを埋める要素として重要である。よくよく見てみれば、〈居場所づくり〉が文脈に応じてその輪郭を変える柔軟性を保持するためには、〈文化〉の諸活動は不可欠であるし、一方で、〈文化〉の諸活動もまたそれ自体が〈居場所〉の機能を供給している。こんなふうに、〈文化〉という視角から〈居場所〉に光をあてていくこと。これこそが、制度のもとで柔軟性や冗長性を奪われずに「居場所」が〈居場所〉であり続けるための、これからの〈居場所〉論のフロンティアであろう。

（滝口克典）

（3） 生きるための労働文化と共同の力

労働文化には労働現場での文化と、労働組合の文化とがある。労働現場での文化は、職場で共同作業をするために人間関係を築いたり、労働効率を上げたりするために形成されるもので、田植え唄などがある。それに対して、本論では労働組合の文化を中心に取り上げる。

労働組合とは主に労働契約によって雇用される労働者が、自らの労働条件の改善などを目的に、自発的に結成する組織である。日本では日本国憲法第二八条で規定されており、労働組合を結成して使用者と団体交渉をし、ストライキによって使用者に圧力をかけ、譲歩を迫ることは、正当な権利として認められている。しかし近年では労働組合の加入率が低下し、労働組合の交渉力の低下と、未組織労働者の労働条件の悪化が問題となっている。

労働組合はヨーロッパの同職組合であるギルドが起源であり、当初から行っていたのが共済制度である。けがや病気によって仕事を休業したり失業したりすると、その分の賃金が支給されず貧困状態に陥ってしまうため、組合員同士で資金を出し合って、共同で休業・失業期間の生活費の保障をしたのである。また、労働者が気兼ねなく話をすることができる居場所を確保するために、労働組合が所有・運営するさまざまな施設が作られているが、これらは労働組合員による共有財産である。日本でも労働組合の活動が活発だった時期があり、「うたごえサークル」などのサークル活動が盛んだったが、これは労働者たちによる共同運営の組織である。

このように労働組合では共同が求められる。それは使用者と労働者の間に力の格差があり、労働者間で共同を形成しなければ、使用者に要求を受け入れさせることが困難だからである。それは同時に、使用者側から労働者の共同を阻害するために、個別労務管理や労働者間の競争によって、労働者同士の違いや格差を作り、分断や個人化の働きかけが行われるということでもある。そこで労働組合は労働者間の共同を強化するために、その共同を目に見えるような文化を形成する。赤色を基調とした組合旗や、揃いのゼッケン、腕章、鉢巻、バッチ、ステッカーなどである。二〇一八年から全米に広がった教員のストライキでは、赤いTシャツが活用されたが、共同の運動に参加していることを目に見えるようにすることで、職場の仲間に共同が形成され、孤立する危険性が少ないことを示しているのである。

ところで労働組合において共同というものは、組合員の間の共通点を基礎に形成される。同じ職場であれば職場で支部や分会が、同じ企業であれば企業別の労働組合が、同じ産業であれば産業別の労働組合が、そして国によっては学歴水準によっても労働組合の組織体が形成されることもある。日本では一九九〇年代以降、急激に非正規労働者が増加したことによって、職場で共同を形成するのが難しくなっている。雇用形態や賃金体系が大きく異なるため、賃金の配分を巡って正規労働者と非正規労働者が対立させられ、労働者間で利害が一致しないような、労務管理が行われるようになったからである。また正規雇用労働者を対象にして企業別に組織された労働組合も対応が遅れ、雇用形態の異なるアルバイトやパート、臨時、そして所属企業の異なる派遣社員、請負社員を、組織から排除している。そのため非正規雇用労働者を対象とした、個人加盟労働組合（通称「ユニオン」）が個別に組織されている。

今、世界中で労働組合の衰退が続いているが、人と人との共同を再構成する手法「コミュニティ・オーガナイジング」が注目され、労働組合の活性化に成果を上げている。コミュニティ・オーガナイジングの実践では、訓練を積んだオーガナイザー（組織活動家）たちが、未組織労働者たちに話しかけていく。その話の中心は、「自分の思いを伝えること」と、「相手の思いを聴くこと」、そしてお互いの思いを重ね合わせて、共感することにある。労働者の共通点は、雇用形態や所属企業といった外から決められた所属だけではなく、内面から自発的に発生する意思や思いによっても決められる。やりがいを持って仕事をしたい、賃金が安いままだと生活が苦しい、職場の雰囲気が悪くて仕事がつらいなど、共通する思いから新たな共同を形成することも可能である。

思いを話し合い、共感し、従来の枠を超えて新たに共同を作り上げることから、新しい労働文化が生まれようとしているのである。

（天池洋介）

（4）生きていく場をつくる若者ソーシャルワーク

一九九〇年代以降の雇用構造の転換に伴い、不安定雇用・失業・無業を余儀なくされる若者たちが増えている。それに対し、民間の支援活動に押される形で二〇〇〇年代にはさまざまな「若者支援政策」が展開されるようになった。しかし、それら施策のほとんどは、単年度の委託契約で、「何人就職できたか」「相談件数は何件か」など、表層的な数値評価で事業の成果が問われ、実践の幅・可能性を狭めるものとなっている。不安定雇用を脱していく支援を行なう支援者自身が不安定雇用であったり、困難が重複し数年単位の時間を要する支援が単年度契約でなされていたり、「数値目標」達成のために困難度が高い若者が後回し・排除されたりするなど、きわめて大きな矛盾のなかにあるのが若者支援政策の実情である。

こうした仕組みを改善していくという課題は、「社会文化研究」以前の社会政策上の課題であるが、ここで問われるべきは、そもそもの前提として据えられている「課題解決／困難除去」への過剰な志向性である。「生活」から社会文化的次元が捨象され、過度に経済依存的に編成されてしまっている日本社会の下では、自ずと支援課題も金銭的な意味での生活基盤が確保されればそれで解決、とされてしまう危うさがある。たしかに、困難な状況に置かれた若者たちにとって必要なのは、その困難状況をもたらしている要因・課題の解決であり、そこに資する支援活動である。しかし、ホームレス支援におけるアパート入居後の課題や就労支援における就職後の課題など、「社会的排除と孤立」の問題は、単に物理的・経済的環境のみで解決する問題ではなく、周囲の他者とともに場を共有していくなかで得られる「社会のなかに生きている実感」の確保が不可欠である。

ここでは、そういった観点から展開されている実践をいくつか紹介しておきたい。ひきこもり当事者団体「ウィークタイ」の代表である泉翔氏は、「生存の支援から実存の支援へ」というフレーズでこの問題を提起し、居場所活動や余暇活動を実践している。ひきこもり支援団体「ゆどうふ」は、訪問・相談支援や居場所支援を実施する傍ら、音楽活動にも力を入れており、生きづらさを抱える若者自身が自己表現活動を通して社会とつながる回路を用意している。ホームレス支援を行なう「ビッグイシュー基金」では、住居・生活支援だけにとどまらず、サッカーやダンスなど余暇・文化活動を通した支援を行ない、「誰にでも居場所と出番のある包摂社会」を目指している。それ以外にも、多くの団体でさまざまな活動が展開されており、「生きる」ということはお金だけではないということが提起されつつある。これらの活動は、若者たちが自分たちなりの活動を展開していくことを支えていく「ユースワーク」という実践概念として捉えられ、その実践的価値の探求が進められている。

こうした文化活動を支援のなかに取り込んでいくという実践は、表層的な「成果」や社会への「適応」を迫る支援に対し、重要な問題提起を投げかけているが、「社会文化」という観点がひらく地平は、明示的な余暇・文化活動にとどまらない。「生活基盤を支える」という支援活動においても、生活内在的なかたちで社会文化が組み込まれた実践がさまざまに展開されている。仕事のなかにある「学び」の契機を大事にして、「働く」ことと「学ぶ」ことを地続き一体のものとして展開していく挑戦を続けている「文化学習協同ネットワーク」、精神障害者の権利保障としての就労・社会参加を実践的に切り開いてきた「麦の郷」、雇う／雇われるという働き方を超えて、地域ニーズに即した仕事おこしをしている「ワーカーズコープ」、地域の人びとそれぞれが主役になり、誰も排除されない地域・暮らしをつくっていく「暮らしづくりネットワーク北芝」、過疎地域に若者とともに移り住み、共同生活を営みながら地域の人とともに活動していく「コミュニティワーク研究実践センター」など、さまざまなかたちで「生きる場」づくりの挑戦は続けられている。

こうした活動に共通しているのは、「若者を支援する」のではなく、「若者が生きられる場を、若者たちとともにつくる」という実践的志向性である。そこでは、実践の「対象」として若者が客体化されるのではなく、「場づくり」を担う主体の一人として当の若者が位置付けられていく。そうやって形成された場には、そこにかかわってきた若者たちそれぞれの想いが反映され、文化が醸成されていく。そしてその文化の力により、若者たちも学び、育っていくことが可能になる。そういった社会づくりの回路をひらいていく実践こそが、社会文化次元に根ざした「若者ソーシャルワーク」の本領である。

（南出吉祥）

（5）育児文化とジェンダー役割分業

休日に男性がベビーカーを押す姿は珍しい光景ではなくなったが、国際的に見ると、日本には今なおジェンダー役割分業が根強く残る。総務省「社会生活基本調査」（平成二十八年）によると、妻が子育てに関わる一日の平均時間が三時間四五分であるのに対し、夫は四九分である。アメリカ、イギリス、スウェーデン、ノルウェーなどでも生活時間の男女差はあるものの、平均して妻の育児時間が二時間前後、父親が一時間超であるのに比べて、日本は生活時間のジェンダー差が極めて大きい［内閣府 二〇一八］。

「男は仕事、女は家庭」という役割分業は、家庭と職場が明確に分離される状況において発達し、二〇世紀前半には産業社会の当然の在り方として広く認知されるようになった。

ジェンダー役割分業が時代を超えて再生産されるメカニズムについては、男性の権力が作った家庭や労働市場の「物質的構造」が要因だとする説と、幼少期からの社会化の過程を通じて他者のケアを重視する価値観を女性が内面化しているため、女性自ら子育ての中心的役割を選択するという説の二方向から説明されている［山根 二〇一〇］。

一九六〇年代から七〇年代にかけて、性の解放、及び、ジェンダー役割分業を前提とした法制度や慣習に対して変革を求める女性解放運動が先進諸国で広がった。後に、「第二波フェミニズム」と名付けられたこのムーブメントでは、従来、当然視されてきた家庭内の性別役割に社会的な差別構造が反映されていることが指摘され、既存の社会構造の変革が求められるようになった。この流れを受け、国連は、男女平等の推進、経済、社会、文化への女性参加を目標とする世界的な活動を行うために一九七五年を国際女性年（International Women's Year）、続く一〇年を「国連女性の一〇年」として定めた。

「国連女性の一〇年」は、最大の成果として「女性差別撤廃条約」を結実させた。女性差別撤廃条約は、前文に「社会および家庭における男子の伝統的役割を女子の役割とともに変更することが男女の完全な平等の達成に必要」と述べており、批准国は、家事・育児労働の偏りの是正を含む制度と法の整備を求められた。

各国で女性の社会進出を阻む法と社会制度の見直しが進められる中、特にスウェーデンをはじめとする北欧諸国では、男女がともに子育てと仕事を両立できる社会的条件の整備が進んだ。日本でも、男女雇用機会均等法成立（一九八五年）と技術・家庭科の男女共修化（中学一九九三年・高校一九九四年）という大きな変革を経て、法律・教育面での是正が進んだ。しかし、戦後から高度経済成長期を通して確立された男性の長時間労働と、低所得の配偶者の扶養を優遇する社会保障制度は一九九〇年代まで拡充され続け、ジェンダー役割分業を標準とする家族モデルが維持されてきた。

一九九〇年代以降の経済のグローバル化に伴い、雇用労働者の地位がかつてよりも不安定になると同時に女性の社会進出が進み、子育てを社会でサポートするシステムが整えられてきている。しかし、日本の労働の場が家庭のケア役割を担わず長時間労働できる男性を標準的なモデルとしていることは変わりなく、女性が就業する場合には、男性と同じく家族のケアをしないか、仕事の範囲が限定的で昇進に縁のない「マミー・トラック」に入るかの選択を迫られることとなった。

こうした労働市場の施策が、育児文化に影響を与えることが国際比較調査によって明らかにされている。文部科学省の「家庭教育国際比較調査（二〇〇五年）」によると、「子どもと父親が一緒に過ごす時間に教えること」について、男性の育児休業取得者がごく少数に留まる日本では、「スポーツ」が最多の回答であるのに対し、父親の育児休業取得率が八〇％を超えるスウェーデンでは、「家事」が最多である。また、食事の世話について、日本では「主に母親がする」が八五・九％であるのに対し、スウェーデンでは五三・四％である。一九九四年と二〇〇五年で比較したものでは、日本では「食事の世話を主に母親がする」という回答の減少が九年間でわずか二・四％であるのに対し、スウェーデンでは、一四％もの減少が見られた［牧野ほか二〇一〇］。

スウェーデンでは、社会と家庭双方に男女の参入を可能にする制度設計によって父親が子どもの日常に溶け込み、男女がともにケア役割を担う育児文化が醸成された。これに対して日本では、ジェンダー分業を前提とする硬直的な労働市場の在り方が、父親の育児への参入を限定的な範囲にとどめ、価値観の変化が生じにくい状況が続いてきた。二〇二二年に、男性の育児休業取得促進を目的として育児・介護休業法が改正された。この改正が、日本の育児文化とジェンダー役割にいかなる変化をもたらすのか、注視していく必要があろう。

（加野泉）

コラム① 全国こども福祉センター
——福祉と支援を問い続けて

相談窓口や援助機関が整備されても、必要な人に「届く」とは限らない。利用されないこともあれば、拒否されることもある。このように、相談窓口や援助機関にアクセスできない、助けを求めない（求められない）子ども・若者、親子が存在する。

対人不信感やスティグマや恥、「周囲のまなざし」が心理的な障壁となったり、距離が遠い、通えないなどの物理的なハードルも要因となっている。すべての児童の福祉を考えるならば、児童相談所や養護施設、専門職だけで担えるものではない。

アウトリーチは、国内の福祉分野で「家庭訪問」や「援助機関への誘導」という意味で使用されることが多く、制度の対象、援助機関により、要支援・要保護とされた者に行われている。近年、援助機関を利用しない子ども・若者、親子に出会う方法として、アウトリーチスキルが着目されるようになった。全国こども福祉センターは二〇一二年から活動を始め、地方で援用できるアウトリーチ活動を試行錯誤してきた。活動の担い手は、社会的養護出身者や一〇代から二〇代の子ども・若者である。当事者と協働で積み上げてきたアウトリーチは、アクセシビリティの高さに特長がある。全国こども福祉センターは繁華街や路上、ＳＮＳなど、若者の集まる場所に出向き多様なアプローチを実施する。たとえば、着ぐるみを纏ったボランティアによる声かけや募金活動で若者と出会うきっかけや、立ち話、対話の機会を作る。アウトリーチ（声かけ、居場所）活動の参加者は、平成二四年度〜令和四年度で約二万二〇〇〇人を越えている。民間では先駆けて二〇一四年から地域で援用できるアウトリーチスキルの習得を目的に、人材養成研修を毎年実施している。学会発表や実践にもとづいた研究・教育（研修や講演）活動も行っている。

当センターでは、より広義な意味で捉え、「出向く」「出張する」ことで、先に相手の考えや行動について、理解を深めることを目指している。介入はリスクを伴う行為であり、支援者側の目的である「支援」や「成果」に固執してしまえば、個人の尊厳を奪う危険性が生じる。まずは、出会った子ども・若者と向き合い、何度も対話の機会をつくる。用意した支援を押し付けても、本人が必要とは限らないからである。そのため、支援を前提にかかわりを組み立てるのではなく、まずは、同じ時間を共有することから始める。福祉と出会う人たちが、「支える、支えられる」という一方的な関係ではなく、相互に支えあう関係を構築することを目指して。

（荒井和樹）

コラム②　**スクールソーシャルワーク**
――教育／福祉で「包摂」を目指す

ある日、学校からスクールソーシャルワーカー（ＳＳＷｒ）に家庭訪問の要請があった。不登校になった生徒の家へ行ってほしいという。担任とともに自宅に出向くと、窓ガラスが割れており、中学生のＡくんが扇風機を振り回している姿が見えた。母親と小学生の妹に向かってなにかを叫んでいる。ＳＳＷｒはとっさに部屋に入り、「ケガしていないか」と声をかけると、彼は我に返りペタンとその場へ座り込んだ。

その日から、ＳＳＷｒはＡくんと関わるようになった。最初は随分警戒していた彼だったが、一緒にゲームをしたり、散歩をしたりするうち、両親が離婚し生活が苦しいことや、勉強が嫌になり家の中で暴れるようになったことなど、少しずつ話してくれるようになっていった。

ＳＳＷｒはＡくんと保護者の了承を得て、学校の先生方、関係機関の方々、地域の人びととの対話を重ねていくことにした。彼を取り巻く環境を客観的に把握し、彼自身の強みや長所を知ったうえで、支援の計画を立てるためである。彼と家族が安心して生活できるようになるにはどうしたらいいのか、関係者が共通認識を持てるように場（ケース会議）を設定し、繰り返し協議した。Ａくんの不登校という事象には、生活困窮、家庭内暴力、妹の障害、被災体験などが影響していたことがわかった。ＳＳＷｒは本人の気持ちや願いを考慮しつつ、これら複合的な課題を整理し、関係者間の調整とネットワーキングを図っていった。

子どもは環境を選べない、と言われる。また、自らあるいは誰かが声をあげなければ、背景は見過ごされてしまう。子どもの環境として大きなウエイトを占める学校には、子どもがどんな状況下にあっても教育や発達を保障し、子どもの様子や変化、成長に気づく場としての役割がある。スクールソーシャルワーク（ＳＳＷ）は、学校を軸に、家庭・地域と連携して子どもの声を聴き、その人格や権利を尊重し、子どもにとって何が最善であるのかを考えていく営みである。子ども自身の可能性を信じ、その力を引き出していく（これをエンパワメントという）。

Ａくんの例においてもＳＳＷｒは、エンパワメントの過程で生まれる相互作用に着目し、Ａくん自身の自己決定を大切にした。彼の希望に基づいて、ＮＰＯによる学習支援を紹介し〝応援者〟を増やす一方で、学内での居場所確保と、学校・学級経営にリンクする校内体制づくりを行っていった。家族には、福祉サービスや就労サポートを案内し、手続きや通院に同行したり、Ａくんと一緒に地域の子ども食堂を利用してもらったりした。

ＳＳＷは、単に子どもの適応を促すことではない。教育と福祉をつなぎ、社会的包摂を目指す取り組みなのである。

（土屋佳子）

コラム③　地域でつながる高校生

一般社団法人Moonlight Project（以下ムーンプロ）は不登校や、経済的理由で居場所を必要としている子ども・青年たちに温かでゆったりとした空間をカフェとして提供し、いつか学びの楽しさの中に没頭してくれればという願いで運営されている。ラーナーと呼ぶ四〇名を超える若者たちが、いろんな事情で、いろんな思いでカフェの門をくぐってやってくる。彼らを支える側は、響きあう学びの会の会員として、ともに学ぶとの姿勢をつらぬき、交通費も出ない全くのボランティア、元教員や学生たちがラーナーたちを支えながら、交流し、この場所はつくられている。

中学で不登校となり、ゲームに埋没していた少年は、親に引きずられるようにしてカフェにやってきた。高校受験を控え、「どうでもいい」から「進学したい」に切り替わるのはそんなに時間がかからなかった。支える側の献身的な寄り添いで、どんどん勉強にのめりこみ、志望校合格。たくさんの方々の祝福の中で高校生になった。しかし二学期、学校から進級が困難だと伝えられた。彼の話を聴きとりながら「もういいよ、ここまで頑張ったんだから」と別の進路を一緒に考えようと提案すると、躊躇しながらも、「この学校で卒業したい」との、か細い願い。しかし「もう後がない」。要因のひとつに勉強についていけない科目「簿記」があった。

カフェでは、ひきこもりの青年たちに対しても門戸を開いている。その名も「宿カフェキャリア講座」。二週に一度カフェ二階の和室で、履歴書の自己アピール文が書けるように他者肯定と自己肯定を紡いだり、日記を書いたり、料理をしたり、映画を観て感想を交流したり、ゲームをして相手の特徴を分析したりとさまざまな取り組みを行っている。時には外に出てムーンプロが運営するもう一つの柱、太鼓集団響の公演を手伝ったりする中、ようやく心を開いてくれた一三年間自宅に引きこもっていた三五歳の青年がいた。実は彼はその引きこもりの間に、「これじゃあだめだ」と日商簿記二級の資格を取得していた。

高校一年生と、彼を引き合わせ、三五歳の青年が簿記の先生になった。約束したのに高校生がすっぽかしたり、四時間ぶっ通しで、二人の学びの時間が続いたり、いろんなことがあった。そして勝ち得たのは学年でただ一人の一〇〇点。点数がうれしいんじゃない。学年トップがうれしいのでもない。彼をここまでにした関係性がうれしかった。そんなつながりをここで紡いでいる。高校生が見せる一〇〇点満点のテストを笑顔でみつめる青年。この関係が人を育てている。

（平野和弘）

第四章　メディア文化と社会文化

私たちの社会生活に強い影響力を及ぼすメディア。そうしたメディアを社会文化の視角から捉えると、どのように描くことができるのであろうか。生活の場における発信者と受信者との関係、権力と主権者との関係を批判的に再創造するにはどうしたらよいのか。管理する側と抵抗する側との緊張関係のなかで、表現を共有することの意味をあらためて問う。

ソウル市内にある「女性団体連合」事務所の壁に貼られた情報の数々．韓国をはじめ社会運動でメディアが果たす役割は大きい．［熊本理抄　撮影］

(1) 出版の公共性と商業出版

社会文化の視点からメディア文化を見るとき、一九六〇年日米安全保障条約反対運動（安保闘争）の頃より現れた「ミニコミ（ミニ・コミュニケーションという和製英語）」、すなわち市民同士の交流のメディアに意識が向きがちである。しかし、出版 publishing の語源が public であることを思い起こすならば、商業出版だからといって「社会文化」の要素がないわけでもなく、また「マス・コミュニケーション」「マスメディア」VS「ミニコミ」という区分がいつの時代も同じように成立するわけでもない。

たとえば、NHK朝の連続テレビ小説「とと姉ちゃん」（二〇一六年度上半期放送）のモデルとして知られている『暮らしの手帖』（一九四八年創刊）を見てみよう。この雑誌が創刊された頃は現在のように取次（問屋）がきちんと機能していたわけではなかったため、初版一万部のうち三〇〇〇部は暮らしの手帖社の社員が風呂敷に包んで各地の書店を一軒一軒回って営業したものである［大橋 二〇一六：一〇六―一〇九］。現在でも十万部超の部数を誇るこの雑誌は「広告を載せない」マスメディアとして知られているが、それはこの雑誌を有名にした「商品テスト」（一九五四年開始）と関係がある。企業からの広告収入を得てしまっては、忌憚なき「商品テスト」が実施できなくなるという「利益相反」を回避する同誌の方針は、それゆえに読者からの信頼を集め、七〇年代の最盛期には百万部近い発行部数を達成する。ここで重要なのは、「商品テスト」は読者の啓蒙が目的というよりも、むしろ生産者（≒企業）への意識づけ（商品の出どころを正す）が目的であり、「単に商品についての批評でなくて、じつは社会批評であり文明批評である」［花森 一九七一：九四］点にあった。同誌初代編集長・花森安治は「ぼくらに、守るに足る幸せな暮らしがあれば、戦争は二度と起こらないはずだ」［暮しの手帖社 二〇一六：八］と述べ、生活の場から企業と消費者の関係性、権力と主権者の関係性を批判的に再創造しようと試みた。ここに「社会文化の視点」を見いだすことは難しいことではない。「ミニコミ」に比して部数の点で社会的インパクトが大きい「商業出版」を見過ごす手はないだろう。

出版文化について考えるとは、まずもって作り手（供給側）と読者（需要側）の関係を考えるということを意味する。では、作り手とは誰のことを指すのか。執筆者以外にも、出版物（本・雑誌）を編集して販売する出版社、読者に買ってもらうための場を提供する本屋を指すことまでは世界共通である。これに加え、日本では出版社と本屋の間で流通を取り仕切る問屋としての「取次」の存在が大きい。日本では多様な出版流通ルートのうちの書籍の七〇%、雑誌の八〇%程度がこの「取次」を介した書店ルートで流通しており、さらに取次各社の中で大手二社（日本出版販売株式会社、株式会社トーハン）のシェアは約七〇%にも及ぶ［渡辺ほか編 二〇一一：二五九］。「取次」という卸売業が日本で発達したのは、書籍と雑誌を同じ流通経路で扱うようになったからであるが（たとえばアメリカでは雑誌は出版社と読者間の予約購読が販売部数の九割を占める）、この取次を介して形成された制度に「再販売価格維持制度」「委託販売制度」がある。前者は、書籍・雑誌の定価販売を書店に義務づけるものであり（独占禁止法の例外項目）、その代わりに一定期間内であれば書店から出版社に返品が可能であるというのが後者である。この二つの制度を兼ね備えるのは日本だけであるが、これによって書店間の価格競争が抑止され、日本では海外に比して多くの書店を維持することが可能となった。そして、全国どこでも同一の値段で書籍を買うことが保障されたことで、知的資源としての「出版物」へのアクセス可能性は地方でも維持されたのである。人口当たりの公共図書館整備数が欧米に比べ低い日本では、この商業出版の流通網が公共図書館の代替機能を果たしてきたと言える［柴野 二〇一二：三五-三六］。一方で、近年ではこのシステムが「ヘイト本」（差別扇動の内容がある雑誌・書籍）の出版・流通に寄与している問題が発生している［清原 二〇一七b］。

ところで、流通面から見れば「ミニコミ」とはこの「取次」を介さない自主流通出版物のことを指す。つまり、「ミニコミ」の存在様態とその特徴は商業出版のあり方と裏表の関係にある。近年、英語圏の「ZINE」というメディアや概念も紹介されるようになってきているが、これを暗黙裡に「ミニコミ」と重ねてしまうことには注意が必要である。「自主流通出版」と「商業出版」を独立してみるのではなく、その相関関係を含めて出版の公共性とは何かを考えていく必要がある。

（清原悠）

(2)「ミニコミ」というメディア

「ミニコミは個人やグループが、発行する小さな出版物だが、ひと言でこういうものと言うのは大変難しい」［丸山 一九八五：一〇］。ミニコミという言葉自体は六〇年安保の頃から使われ始め、一九六〇年六月一七日、大手新聞七社が共同宣言「暴力を排し 議会主義を守れ」を掲載し、安保闘争に批判的となったことが大きな転機となった。多くの人が「マス」ではない「ミニ」に積極的な意義や価値を感じるようになった背景には、マスコミへの失望や不信感があったという［丸山 一九八五：二二―二三］。その後、学生運動やベトナム反戦運動、各地で起こった住民運動などが続々とミニコミを発行し、一九七〇年一〇月には五味正彦らが、ミニコミ出版情報と人びとが集まる広場として「模索舎」を新宿に開設した［細谷 二〇一二：一六六］。一九七一年に発足した「日本ミニコミセンター」は七三年に活動を終えたが、一九七六年開設の「住民図書館」は、二〇〇一年まで、市民の力で全国のミニコミを収集・公開し続けた［道場・丸山 二〇一三］。

住民図書館長であった丸山の言葉通り、ミニコミを定義することは難しい。住民図書館の収集資料には、住民・市民運動の機関誌・ニューズレター、個人誌や同人誌に家族新聞、タウン誌やフリーペーパーもある。そもそもこうした分類自体が流動的なものでしかなく、発行者が「これは趣味の同人誌だ」と言うなら同人誌であり、「ZINE」だと言えばZINEである。無料のものも有料のものもあり、部数も体裁もバラバラだ。「全体像が絶対にわからない文化だから、各個人の感覚をもとに話すしかない」［ばるぼらほか 二〇一七：一七八］メディアなのである。

そこで、ここでは筆者個人の感覚をもとに、筆者が小さなメディアの「ミニコミ性」を判断する際に大切にしている四つの「問い」を参考までに示すことにしよう。

① メディアを通して、人びとはどのようにつながるのか？

ミニコミは、マスコミの対立／補完物と捉えるより、パーソナル・コミュニケーションとマス・コミュニケーションの間に広がる領域に置いてみるとわかりやすい［田村 一九七六：四］。個人が自らの経験や思想・表現を誰かと共有するためにつくり、送り手と受け手の間に共感を生み出すようなミニコミは、「親書のように届けられ」て親書のように読まれ、「同心円を描く」ように人間関係をつくりあげてゆく［大沢ほか 一九六八：八八］。ミニコミの受け手が送り手に自分のミニコミを「交換誌」として送り、その内容がまたミニコミに書き込まれ…というように双方向のやりとりが積み重ねられていくとき、ミニコミは人びとの間に築かれる多様な関係性の証拠となる。

②メディアは、どのようにつくられているか？

ミニコミは自発的・自律的に発行されるものなので、発行頻度や形式、内容や部数などはすべて発行者が自由に決めてよい。その自律性・自由を裏打ちするのが、DIY（Do-It-Yourself）の精神である。出版物を通してやりたいことを身の丈にあった方法で実現すること、つまり自前ではない技術や財源に依存しないこともミニコミらしさの要素と言えよう。

③メディアをつくる過程も大切にされているか？

②とも関連することだが、手仕事の手ざわりもミニコミの魅力の一つである。社会運動のミニコミでは、ミニコミの製作から発送までのさまざまな作業の手間と楽しさがしばしば語られる。そうした作業が、参加者の交流や運動経験の継承の場となることに加え、運動のメッセージを伝えるミニコミにまつわる手仕事に、運動の思想と実践を媒介する力があるからだろう。

④メディアは、誰の声を伝えているのか？

もう一つ忘れてはならないのが、表現することを封じられている人びとの存在だ。声を上げることすらできない人びとや、自由な意見を言うことが投獄や死を意味するような状況で生きる人びとのために語ることも、ミニコミの大切な仕事である。

九〇年代以降は、インターネットを介して誰でも多様な発信ができるようになった。しかしブログやSNSなどの仕組みは、当然のことながら、人びとのコミュニケーションを新たな形で規定し、制限してもいる。ふつうのネット利用者が、インターネット・ガバナンスの複雑な仕組みに参加することは容易ではないし、ネット社会は監視社会でもある。そうした時代だからこそ、私たちは自前の小さなメディア（それを「ミニコミ」と呼ぶかどうかは別として）を手作りする能力を手放してはならないのだろう。そのつかみどころのなさや、ネット環境では弱点となる検索不可能性こそが、市民にとっては大きな力となる可能性があるからである。

（平野泉）

(3) マンガ表現を共有する場
——同人誌文化とオタク市場の展開

漫画同人誌の歴史は、文芸同人誌の歴史が明治時代に遡れるのとは異なり、まだ日が浅く、その発祥は「石森章太郎」が創刊した「墨汁一滴」(一九五三–一九六〇年)にあるとされている。しかし、それが主にオリジナル作品発表の場であり、また肉筆回覧誌であったことから、マンガ同人誌の成立条件である二次創作(パロディを含む)、または複製誌と異なるこの点において、いわゆる「マンガ同人誌」ではなかったことは明らかであろう。

では、マンガ同人誌文化はいかにして生まれたのだろうか? それは、SF作家が同人誌を制作し、純文学に対するパロディ表現を目指し開催された第一回日本SF大会(MEGCON:一九六二年)を源流とし、続いて第一回日本漫画大会(一九七二)を経て誕生したコミックマーケット(一九七五〜)に集う同人マンガ家および批評家によってもたらされたものとみてよいだろう。この新奇性に富む若者たちの同人誌即売会が、メジャー作家らによる権威主義的運営への批判から生まれたことは、日本のオタク文化がその核心においてサブカルチャー的な理想を内包し続けていることを意味する。それは今日にいたるまで、サークル参加者(同人誌制作者)、スタッフ参加者(主催運営者)、一般参加者の対等な役割のもと巨大な「市場」として機能し続けているのである[コミケット 二〇〇五]。

では、同人誌を制作し、商業市場とは異なるマーケットで販売する意味はいかなるものであろうか? また、その担い手たる人びとはいかなる社会階層を形成しているのだろうか? オタクは岡田斗司夫によれば知的「エリート」であり、また大塚英志によれば内なる少女を抱えるか弱い「ぼく」であり、さらに斎藤環によれば「虚構性との親和」性が高く、虚構(主に二次元)のキャラクターに「性的指向」をみいだせる特徴を有するものである。そのような人びと(オタク層)にとって「同人誌」は、純粋消費を超えたオタク嗜好性を充足させるコミュニケーションツールとなっている。それはまた一般参加者と制作者、一般参加者間、さらに制作者間に何らかの生きがいをもたらす文化装置としても機能している。

このようにオタク文化において、同人誌制作は、収集(ホビー)、支援(アイドル)、自演(コスプレ)、体験(聖地巡礼）などとともにその中心を担うオタク文化の核心そのものなのである。同人誌制作の大半が長期的に赤字であるにもかかわらず、なぜ彼らは制作し続けるのだろうか？　それはたぶんに同人誌活動が一般社会における競争原理によりもたらされる息苦しさとは異なる制作者間の協同、参加者間の共同による精神的安寧を得られるからに他ならない。制作者にとり人生そのものであり、人生になくてはならない「生きがい」を生み出す場、それが「コミケ」なのである［コミケットマーケット準備会 二〇一四］。

さて同人誌文化が発展を遂げるためには、二つの物質的基盤の整備を待たなければならなかった。一つは印刷製本技術であり、もう一つは流通システムの整備である。一九六〇年代末までの漫画同人制作者は技術的な問題として肉筆回覧誌あるいは青焼き（ジアゾ式コピー）誌等の選択肢しか持ちえなかった。しかし一九六八年、同人誌制作にオフセット印刷が持ち込まれるとその機運が一変する。大阪の漫研「作画グループ」（六二年結成、ばばよしあき会長）が貸本ルートで同人誌を出版する際に、ばば、宇和田義則の二人が印刷所と交渉し三〇〇〇部発行のために大金（資金数一〇万：現在価格で数百万円）を注ぎ込んだ。宇和田がその後、関西初の同人誌専門出版社「大友出版」を立ち上げるように、その後、一九八五年には同人誌印刷所は二〇社、九〇年までには五〇社弱まで、その広がりをみせるようになる［飯塚 二〇一六］。

次に同人誌市場を支えるものは流通の整備である。[1] 二〇一八年現在では、サークル数が三万五〇〇〇サークル、一般参加者は五〇万人を上回っている。最初期にはサークル数が三二、一般参加者が七〇〇人であったので、これらと比較をするとサークル数で一〇九三倍、一般参加者では実に七一四倍に達している。加えてオリジナル同人誌即売会・コミティア（一九八四〜）、同人誌印刷所が主宰するコミックシティ（一九八八〜）の開催、地方主催のオンリーイベントなどもあわせると、会場の確保とともに同人誌を会場に搬入する輸送業、「宅配事業」の発展、協力なくしては同人誌即売会の開催も叶わなかったことが、そこから理解できよう。

（小山昌宏）

（4）アニメ表現——社会文化の視点から

視覚的マス・カルチャーに関する分析は、社会思想と関連させてテクストの読解を行う手法と、コードや技法の内的読解を行う「表現論」とに二分できる。

前者は社会思想やその史的変化の表徴をテクストに見出す。しかしともすればそれは、社会を論ずる挿絵にマス・カルチャーを用いる短絡的反映論に陥りがちである。そうした議論への批判的視座としてマンガ批評から提起された表現論は、内的な「表現」の形成過程を焦点化する一方、作品が流通するメディア形態や市場への視座をあらかじめ捨象して成立した。

表現論による反映論への批判は傾聴に値する。夏目房之介は「時代・社会・大衆の反映として表現文化の意味内容を解読すること」は否定しないが、「反映」の過程には「無数ともいえる媒介項が介在」し、「からまった糸玉のような諸条件の中で、表現成立の因果関係を単線的に決定することは不可能」だと述べる［夏目 二〇〇二］。

反映論はかつて、作者を一個の思想家とみなしたが、やがて物語や映像をテクストとして分析し、作品自体を一種の社会批評的営為として浮かび上がらせる試みが現れた。これは一見して、外在的イデオロギー批評ではなくテクストに内在する論理を読解しているようだが、実際にはしばしば現代思想や社会批評のタームが用いられるように、あくまで人文学や論壇の、既存の議論が前提となっている。そしてそこに「表現成立の因果関係」についての十分な論証が伴われることは少ない。

とはいえ表現論が、商品としての側面の分析を捨象したことで、この「因果関係」についての分析軸は大きな欠落を抱えたと言わざるをえない。結果として反映論と表現論の二者からは、マス・カルチャーが産業構造の独自の条件に拘束されながら生産され流通する商品だという特性が等閑視されることになった。

ピエール・ブルデューは「経済的・政治的条件が文学や芸術を直接的に決定するという考え」を退けつつ、文学者がそのミクロコスモスの中で「自分が占めている非常に特殊な位置から」「彼らの性向に内在する知覚カテゴリーを通して」「政治情勢というものをとらえ」、文化実践を行うと論じた［Bourdieu 1992］。社会的諸条件は、表現者たちに内在する独自の偏光板を通して受容され、またそれへの応答がなされるのである。ならば商品としての文化生産をとりまく経済的条件がいかなるもので、それがいかに捉えられたのかの検証なくして、マス・カルチャー分析は成立しえない。

ましてマンガに比べ、はるかに大規模な労働集約的形態をとらざるをえないアニメ制作の場合、経済的条件の影響は、より顕著に表れる。そこでは制作される作品のすべてを、表現者の内的欲求の発露としてみなすこと自体が難しい。

多数の企業が共同出資する製作委員会方式では、制作会社が企画を主導しないことは珍しくないが、この制度の確立以前から、生産ラインを維持するために企画を考案するという事例も見られた。一つの番組の終了時に後番組を継続して受注できなければ、元請け会社は個人請負のスタッフや下請け会社との関係を保てなくなる。しかし簡単に契約や取引を打ち切れば、次の繁忙期に再び協力してもらえる保証が揺らぐ。ゆえに可能な限り受注を一定に保つよう企画を進め、制作体制を安定させねばならない。これは企業経営という経済的拘束の中で作品が形成される過程である。

むろん、そうして考案された企画が、まったく内的創造性を伴わないわけではない。受注維持には作品がヒットして長く続く方が有利だから、そこには市場動向を勘案しつつ、彼らのミクロコスモスから捉えられた時流への差異化をはかるという、矛盾に満ちた過程がある。これこそホルクハイマーとアドルノが指摘した、文化産業による芸術の大量生産が、常に新たな差異を生み出そうとする作用の一例であろう［Horkheimer et al. 1947］。

彼らは、この拘束の効用を既に提示している。「文化産業のやり方は、教養豊かな文人たちが資本主義以前の過去を有機的なものとして聖化する場合に引き合いに出す様式という概念の、どんな現実形態と比べても、はるかにきびしく、はるかに高い妥当性を持っている」という一文は、資本の論理のもとで形成された文化生産のプロセスが、一面で極めて洗練された機能を伴うことを、シニカルに認めていよう。

大量の描画から生成されるアニメという表現形態は、経済的条件から確実に拘束される。ここでその制作過程は、文化生産が社会的諸制度と折衝する場の、一つのモデルケースとみなせるのである。

（木村智哉）

（5）メディア化するインターネット空間
——ＳＮＳ文化の現在

インターネットは機密情報の分散管理のために軍事用コンピュータ通信技術を導入したアメリカ政府の意図、また民主主義的理想の追求から育まれたヒッピーの理想、いわゆる解放システムとしてのパーソナルコンピューター研究から開発されたことはよく知られている。いわばインターネットは、この管理する側と抵抗する側との矛盾をシステム内に共存させているネットワーク・ツールである。言い換えれば、それは大衆がマスメディア、国家に対抗可能な手段となりうるパーソナルメディアであり、かつその個人情報がプロバイダー、企業を介して国家機関に管理されうるマン・マシンシステムなのである。

一九九〇年代を通してテレビメディアに集約される巨大メディア企業と新興勢力であるインターネット産業は激しいイニシアティブ競争を繰り広げた。世界的視野からみれば、Microsoft、Apple、Amazon、Facebook、Twitterなどの成功により、二〇一〇年には、ほぼテレビ、ラジオ、新聞、出版などのメディアはもはや旧いメディアとしてデジタルネイティブ世代からは認知されるものになった。今やユーザーはディスクトップ、ノート、タブレット、スマートフォンなどの「パソコン」を同時に所有し、旧来メディアによる情報をユビキタスに入手できる時代を迎えている。

しかし旧メディアに特徴的な情報の一回性、一方向性による情報の誤謬、すなわち誇張、歪曲、捏造、改竄、隠蔽などを含む情報は、ネットにおいてメディア以上に増幅拡散される傾向があり、あげくにネット自身が「fake news」を捏造し、旧メディア以上の誤報を社会に発信しているありさまである。私たちはこれら新旧メディアがつくる情報環境のあり方が、社会に多大な影響を及ぼすことに意識を向けなければならない時代に生きている。

一九九〇年代、インターネットにおいてまだテキスト交流が主であった時代に、ネット公共圏なる理想が育まれたことがあった［Hauben et al. 1997; Rheingold 2002］。大衆に与えられたインターネットは討論のための道具としていかに活用されるのか？　そのような期待の中、日本でも団塊の世代、続く新人類世代が九〇年代初頭、niftyサーブに公共空間を開き議論を繰り広げた。しかし、それは新しいメディアに接する者たちの試行実験的な初動として終わった。そもそも日常的な大衆的ネットワークによる議論が脆弱な社会では、インターネットが討論手段として機能することは希である。唯一の例外は専門家内のフォーラムに限られたものとなろう。その証拠に大衆に開かれた nifty の「チャットルーム」で名誉毀損による裁判が現実に起き、九〇年代後半から二〇〇〇年代に隆盛した巨大電子掲示板「2ちゃんねる」では、匿名の書き込みを前提とする議題（スレッド）がジャンル別に細分化され、当初は長文の書き込み、異論反論への許容がみられたものの、次第に「フレーミング」（喧嘩）が常態化し、ネット空間は島宇宙（サロン）化の一途をたどった［小山 二〇一二］。こうしてネットにおける相互意見の尊重、新たな合意形成への淡い期待は見事にくだかれたのである。それはインターネットが議論のための道具ではなく、「暇つぶし」「ストレス解消」、「情報交換」「データ共有」のツールとして定着したことを意味した。

現在のインターネットは WEB 3.0の時代にある。それは情報閲覧（1.0）から情報交換（2.0）を踏まえたセマンティック・ウェブ（Semantic Web）の時代といわれる。情報入手から情報交換によるソーシャル・ウェブへと変化したインターネット空間には、皮肉にもＡＩ主導による新たな知性を育む可能性が期待されている。ＳＮＳが娯楽「情報共有」ツールとして定着した日本では「2ちゃんねる」と「5ちゃんねる」の抗争から「mixi」の路線変更を通して、ネットユーザーはサークルのりの「Facebook」、ストリート感覚の「Twitter」に移行した。さらに若者層は「LINE」をメインツールとし、「Instagram」、「YouTuber」「Vtuber」に熱中し、ショート動画サイト「TikTok」を日常的に楽しんでいる。このように時代の流れを概観すると、もはやインターネットによる理性の陶冶、知の共有の可能性は薄れているように思える。しかし一方で「Wikipedia」が知の共有「テキスト」として生活に根ざし、「WikiLeaks」のような国家機密情報公開サイトが活動していることは、国民国家に付随するメディアの限界を如実に露呈し、インターネットを活用する人間の意思が新たな情報環境を切り開いているものとして認知することが可能である。そこには現実社会の鏡としてあるネット空間には現実をリアルに変容させる力があることが、まざまざと浮かび上がってくるのである。

（小山昌宏）

(6) ジェンダーとメディア

朝起きてテレビのニュースをみる。世間的にみて、若くて「美人」、今風で清楚な雰囲気をもった、「女子アナ」たちが明るく、愛想よく語りかける。一方の男性たちは、女性よりもずっと多様な年齢と外見（なかには白髪まじりの人も）をしていて、時に専門的なコメントをする。ニュース番組の女性アナウンサーは、ある一定の年齢と外見の基準を満たした人に限られているのが「子ども」でもわかる。このようなあからさまな外見上、立場上の男女のギャップ（呼び方もしかり）を連日見せつけられる。外見重視という点では他の国でも似たり寄ったりだと思われるが、たとえば欧米系のニュース番組では、女性もそれほど若くなくてもいいし、また、自分なりの意見もよく言っているようだ。

広告もしかり。高齢化に寄り添ったアンチエイジング商品（化粧、白髪染め、カツラ、サプリメントなど）が花盛り。ターゲットとされた五〇代以上の女性たちが年齢とセットで嬉々として登場する。年齢の割に「若くて美しい」でしょうと誇らしげだ。ニュース番組と同様、広告でも、時代の空気をうまく取り入れながら、いくつになっても女は常に「美しく」なければならないようだ。そして、相変わらず、家事・育児に励む、あるいは性的な対象としての女性の姿も頻繁に登場する。二〇〇〇年代においても、女性は美しく、家庭的であるべきとする思惑が広告を通して繰り返し提示される。自治体が観光キャンペーンとして制作した広告や動画にさえも、性的な対象とみえるような女性の姿が映し出され、批判されている。制作者側の女性観が公共的なものにもあぶりだされてしまっている。

それでは、「地位のある」政治家や政治家の配偶者となっている女性たちは、新聞ではどう報道されているのだろうか。女性の政治家が少ない日本では、普段は注目されず、大臣や話題の人となっても、政策よりも外見、声の調子、婚姻関係、子どもの有無、「涙した」ことなどぐらいしか報道されない。国外の政治家についても、たとえば、一九九九年にニュージーランド（世界で最初に女性参政権を認めた国）で首相となったクラーク氏は「おかっぱ頭の厳しい顔つき」からあだ名は「魔女」、「子どもはもたない主義」、「夫は医学博士」とされ、二〇〇七年にフランスの大統領候補となったロワイヤル氏は「四人の子の母親」で、夫の職業も言及されている。二〇〇八年にアメリカの大統領になったオバマ氏の妻ミシェル氏の場合は、ファッションや子育てに注目して報道されている（引用はすべて「朝日新聞」）。女性はどのような立場になろうとも、外見の美しさや妻・母親役割がまず第一に求められるというのがお決まりの報道パターンである。「おふくろの味」が売られ、機械（ロボット）が床を掃除する時代になっても、旧来の性別役割分業的発想を維持し続けているこっけいさを抱えているのが今の日本なのだ。

ところで、世界経済フォーラムが二〇一八年に発表したジェンダー・ギャップ指数において、日本は、一四九か国中一一〇位、OECDでは最下位という不名誉な立場にある。日本のこのような女性の地位の低さが、上述した例が示すように、メディアにかかわる女性像にも明確に反映している。つまり、ジェンダー格差は、地位の格差はもとより、ニュース番組や広告などに登場する男女の、外見上、年齢上、そして役割上の格差となり、報道のされ方にもそのままあらわれている。ここでは触れないが、メディアに描かれる男性像にも応分のゆがみがある。すぐ見つかるはずだ。ことあるごとに価値観の多様化が語られている今の日本で、時代の空気を取り入れながら、差別的で画一的な男女像が生きながらえている。

そんな中にあって、特に一九七〇年代から九〇年代にかけて、メディアの中の男女の描かれ方に対して、異議申し立てをしてきた貴重な運動や著作も確実にある。たとえば、女性の外見重視への批判として、駒尺編［一九八五］がある。運動としては、「FCTメディア・リテラシー研究所」（一九七七〜）、「行動する女たちの会」（一九七五〜一九九六）、「コマーシャルの中の男女役割を問い直す会」（一九八四〜）などを含め、さまざまな団体が地道な活動を行ってきている。イギリスでは二〇一七年七月に、Advertising Standards Authority（ASA）が、ジェンダーステレオタイプを助長するような広告はやめるよう提案している。二〇〇〇年代になっても、提案し続けなければならないこの状況をあなたはどう感じるだろうか。メディアに関わる本は多いが、この分野を理解するうえで参考となる本をいくつかあげる。[1] 共に考えたい。

（熊谷滋子）

コラム① アニメ制作の現場

アニメ制作に携わる人びとが、しばしば低収入や長時間労働といった厳しい労働条件のもとに置かれていることは、繰り返し話題にされてきた。しかし、その実態の構造的分析と議論が共有されるには至っていない。事業者団体や労働組合などは、個別に構造的問題を指摘してきたが、それに目が向けられることも少ない。

他方でそれを大きな問題とみなさない見解もある。たとえば、上達しキャリアアップした者は普通に生活できるのだから問題ない、とする議論である。しかしこれは、低収入な新人のキャリア継続が困難だという指摘に答えていない。

いま少し穏やかに、上達すれば稼げるという具体的事例を見せるべきだとする意見もある。しかし、たとえばキャリアアップして作画監督を任されたアニメーターは、他者の原画修正も行う一種の工程管理者なのであり、その分手当が上乗せされるのは当然であろう。アニメのキャラクターを描く仕事すべてをアニメーター一般の職務として大摑みに捉えるのではなく、恒常的に生産されるテレビアニメの作画をカット単位で請け負う、いちアニメーターの平均的労働条件が問われるべきである。

松永伸太朗はエスノメソドロジーの手法により、アニメーターには自身をクリエイターではなく職人と認識している者が多く、この点で夢を追い収入を問わない芸術家が搾取されているという把握は妥当でないこと、アニメーターは賃金よりキャリア継続に意義を見出しており、それゆえ低賃金と長時間労働が受忍されるケースがあることを明らかにした［松永 二〇一七］。

また、かつて筆者は制作会社の文書の分析により、アニメーターの雇用が正社員から個人請負の「契約者」へ転換し、歩合制の報酬体系が広がるきっかけを、民放でのテレビ番組が不可避的に持つ、スポンサーの流動性との関連性から論じた［木村 二〇一六］。テレビ番組制作会社は、放送枠を他社に奪われないよう、コストダウンにより受注継続をはかるとともに、放送枠を失った際に固定人件費が経営を圧迫しないよう、個人請負を一般化する必要があった。受託制作の不安定性が、雇用と収入の不安定化を導いたのである。

労働規制緩和が進行するたび、筆者はアニメ業界で長く労働運動を担ってきた人びとから、それらは自分たちがされてきたことによく似ているという言葉を聞いた。その意味でアニメ業界の労働問題は、日本社会が抱えるそれと共通する側面を持つように思える。しかし問題の共有と普遍化は、センセーショナリズムに留まらない、地道な実証プロセスからしか導きえないであろう。

（木村智哉）

コラム②　ジン（Zine）

まず、「ジン（ZINE）」は「マガジン（Magazine）」の略語ではない。マガジンから派生した「ファンジン（Fanzine）」という言葉から独立して、「ジン」という言葉が生まれた。最も簡潔なジンの定義は、「有志による非営利・少部数の自主制作出版物」となる[1]。ジンは、個人的でありかつ政治的であること、親密性と身体性をあわせ持つことをその大きな特徴とし、ＤＩＹ（Do-It-Yourself）カルチャーの一部として位置づけられる。

現在のジン・カルチャーに特に強い影響を与えているのは、一九七〇～八〇年代のパンク・シーン、九〇年代初頭のライオット・ガール（Riot Grrrl）・ムーヴメントと第三波フェミニズムだが［ピープマイヤー 二〇一一］、六〇年代の各種社会運動とアンダーグラウンド文化、そして七〇年代の第二波フェミニズムも、その発展に大きく寄与している[2]。ジン・カルチャーは、本質的に反資本主義・反権威主義的姿勢を内包しており、アナキズムやラディカルな直接行動と親和性が高い[3]。カウンターカルチャーとしてファシズム／家父長制／商業主義／能力主義への抵抗手段となる一方、障害者／マイノリティ／持たざる者たちの主体的表現手段となる[4]。

ジンの起源は一般には一九二〇年代のアメリカのＳＦファンによるファンジンとされているが、その見解を白人男性優位主義とし、それ以前のアイダ・Ｂ・ウェルズに代表される黒人女性解放運動における自主刊行物の存在意義を強調する立場もある。これに象徴されるように、現在のジン・カルチャーでは、黒人／ＰＯＣ（People of Color）／移民／先住民／女性／ノンバイナリーといったマージナライズ（周縁化）された人びとの存在を重視し、白人男性中心の歴史／価値観を「脱植民地化（Decolonize）」することが重要な課題とされている。またジン・フェスト等の会場では、「セーファースペース・ポリシー（Safer Space Policy）」の周知徹底など、さまざまな差別・抑圧・排除の問題に対する具体的・実践的な社会正義（Social Justice）の取り組みが積極的に行われている。

ジン・カルチャーの実践においては、ジンの制作にとどまらず、その流通・収集・保存・公開のシステムや、創造とシェアのためのアクセシブルなスペース（空間）も自律的に構築する［村上 二〇一八］。例えばアメリカ・イギリスでは、公立／大学図書館の図書館員たちが中心となり、ジンのアーカイヴィングに関する専門的な検討を定期的に行っている。ローカルなコミュニティ単位の草の根の活動が国際的に連携し、交流・議論が重ねられ、その成果が共有されることで、ジン・カルチャーは日々成長を続けていく。

（村上潔）

コラム③　メディアと文化再生産

文化再生産の議論は、フランスの社会学者ピエール・ブルデューによる一九七〇年の『再生産』、あるいは一九七九年の『ディスタンクシオン』という著作を通じて提起された。そもそも再生産の用語は、ケネー、マルクスといった政治経済学の潮流のなかで経済を各部門間の循環の関係として捉える見方のことを表し、各階級間に形成されている経済的な循環のシステムを分析することを目的としていた。ブルデューはこの議論を文化の領域に広げ、文化、教育システムと諸階級のあいだの関係システムという問題を提起した。

ブルデューは、再生産についてのこの社会学的な問題設定にあたって、ウェーバーの正当性の議論に取り組み、象徴という用語を文化、教育の再生産論の中心に据えた。象徴は、私達が世界を認識・表現するために使用する言語や芸術といった手段のことを意味し、これは教育によって子供に伝達される。文化相対主義が主張するように、それぞれの民族、地域、歴史、階級などによって教えられる言語、文化は異なるために、ある国家の公教育のなかで教えられる文化には正当性の問題が生じる。文化的恣意性という概念は、理論上は人間的本質や自然的本質から文化の正当性を引き出すことはできないという事実を表す。

しかし、文化相対主義があらゆる文化体系の対等性を要求するのはあくまで規範であり現実ではない。現実にある社会において秩序が成立している場合は、必ずある一つの恣意的な文化・象徴体系が正当なものとして認められているという事態が成立している。この事態を分析したブルデューは、諸階級の生活様式として現れる文化と、学校・教会が教える文化との関係性によってある社会における「正当性を得た文化」が成立すると見た。つまり、文化再生産論とは、諸階級間の文化・象徴・記号の循環の関係性を分析する視角である。加えて、学校や教会などの文化生産の場は、正当性を得た文化の内部で正当性をめぐって正統と異端が闘争する場として分析される。

後期の『メディア批判』などを除いて、ブルデューがマスメディアの研究に主題として取り組んだとは言い難い。しかしながら、以上のような立論からは次のような視角が得られる。マスメディアは、私達がそれを通して社会を認識するための象徴を生産している。たとえばひとつの社会には正当とされる諸報道機関があり、その報道機関同士の競合関係はありながらも、その諸報道機関が生産するニュースを私達は正当なものとして受け入れている。果たしてマスメディアは学校や宗教機関などの文化生産の場との関係において、独自の象徴生産の機能を果たしているのか、それともひとつの正当性を得た文化体系のなかでの一部門を担っているだけであるのか、などの発展的な議論もできうるだろう。（平石貴士）

第五章　芸術文化運動が生み出す社会文化

　芸術文化活動をどうして社会文化として捉えることができるのであろうか。それは、芸術文化活動がその「表現」を通して、新しい社会のしくみを創り出そうとする実践にほかならないからである。芸術文化が実際にどのように私たちの社会とつながっているのかを見ていこう。

「越後妻有アートトリエンナーレ　大地の芸術祭」における國安孝昌の作品、「棚を守る竜神の塔」(2000/2009)。［山田康彦　撮影］

（1）社会文化運動としての芸術文化運動

社会文化運動の中で取り組まれる芸術文化活動は、その理念のもとに特徴ある活動になっている。日本でも、芸術文化に対して鑑賞による享受ではなく参加型のアクセスを求めて、一九八〇年代から芸術系のワークショップが盛んに実施されるようになった。社会文化運動としての芸術文化活動は、そうした参加型活動の一つと言えるが、内容と形式の両面においてより顕著な特徴を持っている。それらを、実際に活動が進んでいるドイツの社会文化運動と、イギリスのコミュニティ・アート運動を例に確認したい。

ドイツでの社会文化運動は、市民運動によって設置された社会文化センターを場に展開される。その多くが、多目的のホール、さまざまな活動スペース、アトリエや工房などを備えているため、そこで実施されるすべての芸術文化活動が社会文化運動としての芸術文化活動ということができる。他方で、このセンターに従事するアーティストは、①自らの作品制作などのオリジナルな芸術活動と②職を求める青年に対する職能教育のほかに、③貧困層やマイノリティの人びとなどを対象にしたアウト・リーチ活動としての社会文化プログラム、という三つの活動を行っていることが多い。その社会文化プログラムとして実施される芸術文化活動に、その特徴がよく表れている。

ドイツの社会文化運動は、一九七〇年代初期から、「市民的」で「エリート的」な既成の文化制度に対抗して、「万人による文化」「万人のための文化」、さらには「文化を再び社会的現実性および日常生活との経験的連関のうちに置く」という文化と社会の関連性を主張し、全体として〈拡張された文化概念〉を提示したとされる〔谷 二〇一七〕。教養市民層のための既成の芸術文化の枠にとどまるのではなく、すべての人びとがアクセスし参加でき、そして自ら表現し創造する。そのために、そこで生まれる文化は決して自身の生活とかけ離れたものではなく、社会や生活とつながった質を持つことになる。そのために文化概念として広い性格を持つのである。このように社会文化運動における芸術文化は、すべての人びとに参加し創造する機会が開かれているとともに、芸術文化の質の転換も求めるのである。

イギリスのコミュニティ・アート運動にも同種の志向

を見ることができる（ただこの用語が限定した範囲を示すと理解されるために、一九九〇年代以降徐々にParticipatory artsあるいはSocially engaged artsという用語が使われるようになってきている）。同国では、コミュニティ・アートは、劇場や美術館といった施設や劇団などの専門芸術団体が必ず専用のプログラムを持っているとともに、各地域に存在するコミュニティ・アート団体などが重層的に展開している。

コミュニティ・アートも、アートにアクセスしにくい人びとやマイノリティの人びとを対象とし、その人びとのアイデンティティやニーズを作品として表現することが多い。このコミュニティ・アートで重視されている視点は、アウトリーチと文化民主主義（Cultural Democracy）である。アウトリーチは、ともすると文化的弱者に対する普及活動だと理解されがちだが、決して啓蒙活動ではない。そこでは人びとの、①芸術文化への参加（Participation in Art）、②対等なパートナーシップ、③作品に対する権限（Ownership）、が保障されなければならない。すなわちコミュニティ・アートの参加者は、①芸術文化活動に参加し、自らの考えや感情を表現し創造する創作者として尊重され（Authorship）、②アーティストや他の参加者と対等な関係性が保障され、そして③作品の主体はあくまで参加者であり、どのようなことを表現するかなどの意思決定は作者の権限に属す（Empowerment）と理解されている。このように参加者は徹底して芸術文化の主体として尊重されることによって、文化民主主義が実現される。それは、機会の保障を求めるだけの文化の民主化とは異なって、ボトムアップ型であり、すべての人びとが文化の主体になること、そしてそのことによって真の民主主義が実現されるという展望を示している［伊地知 二〇一九：Matarasso 1997：小林 二〇二三］。

社会文化運動とコミュニティ・アート運動の芸術文化活動に共通するのは、外在的な芸術的価値の高い文化を身につけようとするのではなく、表現しようとする価値はあくまで自らの心身およびコミットしている社会や生活の中にあり、そこで生まれる感覚、感情、思惟を尊重し、それらを率直に表現しようとする志向である［山田 二〇二二］。これはかつて鶴見俊輔が、純粋芸術と大衆芸術を批判して、非専門的な芸術家と享受者によって成り立ち、芸術と生活の境界線に存在しながら、芸術の観点に立ちながら人間諸活動を新たに見直す働きをすると期待した「限界芸術」（Marginal Art）に通じる［鶴見 一九七六］。

（山田康彦）

（2） 芸術文化運動が導く社会文化

文化は、当の人間たちに担われ現に生きられてこそ文化である。つまり思想であると同時に、その思想が当の人間たちの身体によって生きられ、いわば情緒化されるに至った思想である。思想をたんに観念としてではなく生きられるものに変える決定的な媒介者、それは芸術である。歌であり、音楽であり、舞踊、演劇、あるいは絵画であり、デザインでありファッションであり、映画であり、漫画、アニメ、そして詩と小説、等々である。だから社会文化運動は、新しい生の在り方——解放的で自由なる自己実現・自己発展を求める諸個人の——を可能にする社会的仕組みを産みだそうとする現場の実践者と、新しい視点とアイデアと克服すべき問題性をクリアに問題提起する理論家と、運動の情緒的・美的形態を探究するアーティストとの三者の協同運動として必然的に展開することになるし、そうでなければ展開のしようがない運動なのだ。

この生きた三者結合の直近の典型例は半世紀前のかの《象徴としての「一九六八年」》である。世界の若者がベトナム反戦運動に燃え、ヒッピームーヴメントを狼煙として総体としての「近代文明」が問題に付され、エコロジストが誕生し、性道徳意識に大変革が起き、同性愛とLGBTが人間における性愛の個性的一形態として承認され、権威主義的心性が至るところで批判を浴びた、あのラブ&ピースを合言葉にした時代である。そして、この政治的・社会的・道徳的変革は、欧米ではボブ・ディランやジョン・レノンをシンボルとするシンガー・ソングライター文化の出現、ロックの爆発、アメリカ・ニューシネマの誕生、ファッション革命、数知れぬ前衛的な絵画の試みの噴出と結びつき、それは日本に確実に飛び火してフォーク運動・劇画や少女漫画の出現・アングラ演劇の登場、等々となり、世界の各国でそれぞれのオリジナルな形を産みだし、それらと一つとなって展開した。

この点で、私たちは視野をさらに広げて、一九世紀後期以来の社会主義思想の形成過程において如何に社会主義思想の形成と新しい芸術を創造しようとする芸術家の前衛的な試みとが絶えず共振共鳴の関係を産みだし、両者の発展が如何にその相乗作用に支えられてきたかが顧みられなければならない。たとえば、生活と芸術を一体とさせようとする「アーツ&クラフト」運動を提唱し、資本主義が及ぼす人間疎外から解放された真に生命感に満ちた人間の生活の在り方のヴィジョンを探ろうとし、「モダンアートの父」と称されるウイリアム・モリスは、マルクスを尊敬する熱烈な社会主義者でもあった。

このモリスの試みはこの日本の地では柳宗悦に決定的な影響を与え、柳はモリスの「アーツ&クラフト」の思想を受け継ぐ形で、戦前の日本で「民芸」運動を提唱するにいたった。その柳は日本による日韓併合に反対する朝鮮民衆の三・一独立運動を支持し、それを弾圧した日本政府に強く抗議し、また当時の日本の文化人がほとんど興味を示さなかった朝鮮美術の価値を発見し、擁護し、朝鮮総督府が光化門を取り壊そうとしたとき、それに強く反対し世論を喚起して撤回させ、一九二四年にソウルに「朝鮮民族美術館」を開設した人物であった。また彼は沖縄の歌謡文化や工芸文化の独自な価値を強調した人物でもあった。彼の「琉球の富」という文章のなかにこうある。[1]『うた』または『うたう』という言葉は歌、謳、唄、謡、唱等、様々に書きます。元来言葉に節をつけてうたうことです。そうしてそれはいつも踊を伴うものです。しかるに今はこれが三つに別れ、言葉に書かれる歌と、声に節をつけて唄うことと、四肢の動作で踊ることに差別ができました。…〔略〕…しかし元来これらの三つは一つに結ばれていたのです。」。この一節を、思想と生きた情緒との一体化、つまり生きられた文化の体現する思想（言葉）と身体情緒（歌と踊り）との統合の比喩として受け取ることができないだろうか？　社会文化運動と芸術運動との統合・相乗作用の比喩と受け取ってみたらどうだろうか！

これは一例である。

そもそも「社会主義」は、支配権力、つまり「国家」による権力支配に抗して、民衆の自治能力、つまり「社会」力、これに依拠して社会が形成され、運営され、そうすることで社会の在り方が民衆個々人の真の生命力に満ちた自己実現・自己成長に益するものとなることを追求する思想にほかならない。だから、社会主義思想の誕生と成長、その展開と発展は、そのまま「社会文化運動」の前身なのであり、「社会文化運動」はそもそも最初からくだんの三者結合（現場実践者＋理論家＋アーティスト）によって展開する運動であった。

如何にしてかの「一九六八年」の三者結合からのバトンリレーを受け継げるか？　これがいまこそ問われねばならないのである。

（清眞人）

（3）日本の芸術文化運動としての民藝運動

ドイツ社会文化運動の如き「社会文化」概念は、九〇年代の末まで、日本においてはほとんどなかった。「社会文化」という七〇年代ドイツで成立した概念を使って、「近代日本」の芸術文化運動（明治以降）を反照的に見るならば、日本の芸術運動の全体像から一部の芸術文化運動だけを取り上げるという発見的方法となるであろう。

このような観察者的・発見的な方法論的立場からすると、「社会」的観点と結合した「文化」運動で、持続的だった「芸術文化運動」として、農民芸術運動、生活綴り方運動、民藝運動、などがある。ここでは、それらの芸術文化「運動」の一例として民藝運動を取り上げる［吉田二〇一〇：二〇一五］。民藝運動は「運動」（この「運動」の概念自体が日本語では「近代」的な概念である）として受け取られ、実践されてきた。それは単なる鑑賞的美術の運動ではない。民藝は生活と密接に関わりをもっている、と民藝運動の担い手たちも自覚していた。それゆえ「社会」と「文化」に関係する「運動」体としての民藝運動を、ここで取り上げることができよう。

以下に民藝運動の特徴を幾つか列挙する。

一、「地域文化」の観点。民藝運動は「地域文化」という特徴を意識していた。その上で、日本という地域のみならず、朝鮮、台湾、満州、北支、アメリカ、北欧などとの関連も意識していた。それは「民藝」の概念が、日本という限定された地理上の地域のみならず、国際的な広がりを持つものと意識されていた。地域の文化は、「固有性」をもちつつ、他の地域の民藝との共通性を持つものとされた。

二、「伝統と革新」の観点。民藝運動は既存の工芸品のなかから「民藝」品を「発見」し、取り上げた。その意味では民藝は「伝統的」な性格をもっている。しかし、さらに過去の民藝品の美を範として新しく民藝品の創作も行った。その意味では「伝統そのもの」ではない。ある意味で「近代生活」にマッチした民藝の形を追い求めており、伝統と革新の統一的文化という側面がある。

三、民藝運動を支える理論として、柳宗悦の仏教美学という美学理論の形成があった。この理論を支えとして民藝運動の実践との回帰的関係が成立していた。社会文化運動の「理論と実践」という観点からして、民藝運動を捉えることも可能である。

四、民藝運動のなかで作製された民藝品は商品として流通した。流通のための民藝品店が開店され、各地の百貨店で展示会、即売会が行われ、民藝品の流通をうながした。民藝品は「用の美」であるから、鑑賞のみには留まらず、日常生活のなかで使用されるものであり、生活文化に密着したものであった。

五、民藝運動は、運動の「美」の特質を広く認知してもらうため、またその美の認知を広げるための美術館構想をもっていた。それは日本民藝館の設立をもって実現した。民藝「美」を展示する場の確保は、人びととの理解と運動の継続を支えるために大きな意義をもっていた。

六、民藝運動は商業主義的（＝資本主義的）機械生産における商品の質の低下を批判して、ハンドメイド（手工芸品）の品質の優れていることを称揚した。ウィリアム・モリスのアーツ&クラフツ運動と同様の視点から、利潤の追求を主として、品質を犠牲にする商業主義を批判した。

七、運動を推進し支える組織として日本民藝協会を設立した。協会（アソシエーション）は今日まで続いており、意識的な集団が運動を支える体制を形成した。

八、民藝運動の普及にともない、工芸職人（工人）の組織化や連携を促した。新たに工芸集団が形成される場合もあった。民藝の思想の影響もあり、それらの集団の製作実践は地域文化を重視するものが多かった。

九、民藝という「美の規範」の形成、提示をした。このことによって、芸術の運動体はその理念（理想）を明らかにし、運動を進めてゆくことができた。

以上の幾つかの観点から民藝運動を見ると、社会文化としての芸術運動の特徴を備えていると評価することができよう。これは一つの芸術運動のケースを再評価したものに過ぎず、同様の芸術運動は既述のように他にも存在する。このように社会文化という観点から再評価を進めることにより、芸術運動の「系譜」なるものが抽出されてくることになるだろう。しかしいまだ近代日本の芸術文化運動全体についての「社会文化」論的な史的再評価はなされたことがなく、それは今後の研究課題である。

（吉田正岳）

（4）社会改革に関与する芸術文化運動

　アート・アクティヴィズムは、アートとアクティヴィズムを結びつける社会的実践であり、アート、文化研究、文化社会学の領域において近年国際的に注目を集めている。その特徴は、アーティストのみならずアクティヴィストや市民といった主体が、ジェントリフィケーション、新自由主義が引き起こすグローバルな経済格差、ＬＧＢＴＱやエスニックマイノリティのアイデンティティ・ポリティクス、環境問題、表現の自由など多岐に渡る社会課題に対し、創造的なアプローチで異議申し立てや問題提起をしている点である。

　アート・アクティヴィズムが興隆した社会的背景には、冷戦の終結や、一九九九年にシアトルで開催されたＷＴＯの国際会議がある。マスメディアや公権力による支配的な表象や言説の転覆・攪乱、社会的・政治的・経済的に周縁化された人々の声の可視化、インターネットのシステムに内在する生権力への抵抗が射程であり、欧米圏では学術的な議論も進展した。

　ガルシアとロフィンクは、一九九十年代後半にデジタル／アナログメディアをアクティヴィズムに巧みに使う「戦術的メディア」を提唱し、ヨーロッパのアクティヴィストとアーティストの間で、メディアアートで政治的な抵抗をする社会的実践のムーブメントが起きた。ホームズは、批判的視点のリサーチ・参加型芸術・コミュニケーションのネットワーク作り・マスメディア戦略・異業種の人々による協働と自己組織化した活動という要素を持つ社会的実践を「イベントワーク」という概念で提唱した。[1] 近年は、トンプソンやショレットが現代美術のジャンルである「社会に関与する芸術（ソーシャリー・エンゲージド・アート）（ＳＥＡ）」に、アート・アクティヴィズムを含めて議論している[2]。

　アート・アクティヴィズムの実践は、これまでの芸術運動と社会運動の双方から影響を受けており、高祖［二〇〇八］は以下のように、五つの系譜にまとめている。第一の系譜は、社会主義的リアリズム、ロシア・アヴァンギャルド、シュルレアリスム、バウハウス、ダダなどの前衛芸術運動である。第二の系譜は、一九六〇年代に、五月革命にも影響を及ぼしたシチュアシオニスト・インターナショナル（ＳＩ）である。ギー・ドゥボールは、商品経済に視覚的に支配された都市空間を「スペクタクルの社会」と呼び、「転用」「漂流」「心理地理学」という戦術的概念を生み出し、都市空間を一時的に攪乱する状況を構築しようとした。第三の系譜は、一九七〇年代にイタリアの自由ラジオに代表されるアウトノミア運動である。「労働の拒否」「労働者階級の自律」を掲げて労働者や学生が立ち上がり、フランコ・ベラルディやアントニオ・ネグリらが、ポスト・フォーディズムを定義し理論面で労働者の文化的抵抗を後押しした。第四の系譜は、一九九四年の北米自由貿易協定（NAFTA）に対抗するサパティスタ民族解放軍（EZLN）の運動である。メキシコのチアパスという先住民が住む地域からインターネットを駆使してアクティヴィストやアーティストが情報発信し、反グローバリズムを起点に世界中の市民の連帯の輪を広げた。第五の系譜は、アメリカのフェミニストによる運動で、一九七〇年代から一九八〇年代にかけてアートにも影響を及ぼした。男性優位の社会を批判し、中心的指導者を置かずに直接民主主義的な合意形成で連帯する「情動の組織論」である。

このような系譜を持つアート・アクティヴィズムについて、日本では、北原、毛利、狩野らが海外や日本の実践の紹介を行ってきた(3)。ここで、単一の政治的イデオロギーを越えて、社会的インパクトをもたらそうとするアート・アクティヴィズムの実践例を二つ紹介したい。アメリカのアート・コレクティヴのクリティカル・アート・アンサンブルは、二〇〇〇年前後に遺伝子組み換え食品について社会で賛否が大きく分かれる中で、美術館で市民参加型の遺伝子組み換えの実験をした。これは、科学的知識に対する思い込みを払拭する試みである。もう一つは、東日本大震災後に反戦・反核をテーマに木版画の集団制作をはじめたA3BC（反戦・反核・木版画コレクティブ）である。社会運動の現場で使用できるバナーやTシャツ、ポスターの制作、ワークショップ、美術館と公共空間での作品展示、ソーシャルメディアを活用した活動は、日常生活で市民が自律的な文化を作る「DIY（Do-it-yourself）カルチャー」の実践である。

これらは、アートや社会運動のいずれとも言い切れない、アート・アクティヴィズムとしか言いようのない表現かつ行動なのである。

（狩野愛）

（5） 日本の文化政策にみる社会包摂と社会文化

日本の公共文化政策の歴史において、「社会文化」という概念が明示的に用いられたことはない。しかし二〇一〇年ごろから、社会文化と類縁関係にある「社会包摂」が文化政策の中心的課題となってきた。「文化芸術基本法」の改正を受けて二〇一八年に策定された「文化芸術推進基本計画」を見てみよう。そこでは、文化芸術の創造と享受は、人びとの生まれながらの権利とされ、子供から高齢者まで、障害者や在留外国人などが生涯を通じて、居住する地域にかかわらず、等しく文化芸術活動に触れられる機会を享受できる環境の整備が目標となった。さらに「文化芸術は、人々が文化芸術の場に参加する機会を通じて、多様な価値観を尊重し、他者との相互理解が進むという社会包摂の機能を有している」と明記された。

社会包摂につながる文化芸術活動とは、どのようなものだろうか。一般に社会包摂とは、社会的に弱い立場にいる人たち（マイノリティ）が、社会から排除されたり、孤立することがないように、ともに支えあえる社会をつくることだ。社会包摂の対象には、障害者だけでなく、（子供も含めた）貧困、移民・外国人、高齢者、ＬＧＢＴ（性的マイノリティ）、病気を抱えた人、被災者など、さまざまなマイノリティの人たちが含まれている。こうした多様な人たちが、違いを認めあう関係を築き、マイノリティがエンパワメントされ、自己肯定感が高められる文化芸術活動。多様性と寛容性のある社会の中で自分の能力を発揮できるしくみが求められている。マイノリティがマジョリティの中に包摂されるのではない。マジョリティの意識そのものが変わり、多様な価値観を認めあうことで寛容性に富んだ社会が生まれる。そうした社会のしくみをつくる有力なしかけが、文化芸術とその表現活動である［文化庁×九州大学共同研究チーム編 二〇一九］。

もとより、ドイツの社会文化センターが重視してきた文化芸術活動は、目標を定めた成果や効率性ではなく、異なった者同士の粘り強い対話と開放的なワークショップである。それは将来の多文化的な文化発展のための実験場であり、まさしく社会包摂のしくみづくりであった。自然環境、異文化、発展途上の人びと、社会的弱者、次世代といった多元的な社会文化レベルでの「共生」をめざしてきた。日本の文化政策の転換を促した社会包摂のモデルがイギリスであるにしても、ドイツの社会文化における実践知を通して、多くを学びあうことができる。

さて、文化政策という言葉は第一次大戦中にドイツから入ってきた。大正期、大都市部では人口増加と産業の近代化によって都市環境の悪化が社会問題となった。文化政策と社会政策は未分離で、文化政策は社会事業として展開された。一九一九年に大阪で設立された文化政策協会は、①社会教育、②市民芸術促進、③児童保護問題、④婦人問題などに取り組んだ。同じ時期に賀川豊彦は、生活協同組合の先駆けとなる神戸購買組合を設立し、「生産の芸術化と消費の文化的意義」を広めた。協同組合を基礎単位として、生産と消費と暮らしを芸術的精神の観点から統一しようとする賀川の思想。それは文化政策と社会政策を融合したアソシエーション型の社会構想であり、今日の社会文化の理念を先取りしていたが、やがて大正リベラリズムはファシズムに飲み込まれてゆく。一九四〇年には大政翼賛会に文化部が設置。自由な精神にもとづく人間社会の形成をめざした文化政策は、国家のために芸術を「動員」する文化統制政策へと変質した。

敗戦後の後遺症は大きかった。戦後日本の文化政策はＧＨＱ（連合軍総司令部）によって骨抜きにされ、文化についても国や行政が関与しない自由放任状態が長く続いた。高度成長期を経て文化行政を推進したのは革新自治体である。一九八〇年ごろに成熟期を迎える自治体文化行政の使命は、「個性的な文化の根付いた地域社会をつくりだすこと」にあった［松下・森編 一九八一］。文化行政のゴールは「市民自治」にある。その市民自治を育てるのが市民文化であり、市民文化を生み出すしかけが文化行政なのである。そのためには行政そのものが縦割りの官僚主義を自己革新し、柔軟で創造的な組織に変わらなければならない。これが「行政の文化化」だ。

自治体文化行政の興隆から四〇年。現代の日本社会は、グローバル化と新自由主義の中で、市民文化の形成による市民自治の確立という理念を忘れ、経済成長戦略のもと「稼ぐ文化」へと「動員」されつつある。そのような潮流にあらがって、いかにして異なる文化や価値を認めあう、多様で寛容な社会をつくることができるだろうか。社会包摂の意義を社会文化の観点から理論化し、社会実践へとつなげる試みにチャレンジしたい。

（藤野一夫）

コラム① 地域を場に展開する芸術文化を中心とした社会文化活動

地元に居ながらにして自己実現の機会が得られる、これが社会文化センターの醍醐味ではないだろうか。ドイツ・ハンブルク州の「はちみつ工場」[(1)]というセンターでは、ダンスや音楽、メディアなどの多様なプログラムを青少年に提供。また学校と連携し、プロの俳優が児童に演技指導を行い、発表の機会を設けている。高齢者の文化活動も充実しており、本の貸し出しや朗読会、歴史ワークショップも開催。地域住民の貴重な交流の場となっている。アーティスト対象事業としてはアートマーケットを開催しており、アートと街の橋渡しも担う。

旧東独地区のザクセン＝アンハルト州マグデブルクには、「消防署」[(2)]というセンターがある。大ホール、小ホール、ギャラリー、カフェを併設。コンサートや演劇は、チケットが完売する人気ぶりである。青少年向けの演劇なども充実しているが、移民が多い地域ため、マイノリティや、文化・芸術に触れる機会の少ない層へのさまざまなプログラムを試みていることが特徴的だ。

次に日本の地方都市の事例を見てみよう。愛知県西尾市は、寺院における社会文化的な活動が盛んである。[(3)]浄名寺では「寺カフェ」[(4)]を開催。ボランティアが薫り高いコーヒーを提供するのと同時に、ここでは人生相談や結婚に関する相談が気楽にできる。筆者の生まれた養寿寺[(5)]では、親子サークルやハーバリウム（植物標本）講座を開催。定期的に雅楽会に無償で練習場所とプロの指導者による合奏練習の機会を提供し、地域の伝統音楽シーンを盛り上げている。また、江戸時代に本堂が建てられたことから、同時代にあたるバロック音楽コンサートも開催。木造建築における、バロック楽器の柔らかな響きは、多くの聴衆を魅了した。

市内の吉良町には、ドイツの社会文化センターに極めて近い活動をする「きーずハウス」[(6)]が存在する。元新聞記者の永井考介氏は、現役時代に行った地域おこしの取材から構想を得て、定年退職後に実家の古民家を改修。地域に開かれたコミュニティーセンターとして甦らせた。ここでは、編み物や音楽教室などさまざまな教室をはじめ、マリンバ・バイオリン・チェンバロなどのコンサートや落語会も開催。カフェにはギターやピアノもあり、訪問客が自由に演奏できるアットホームな空間を創出している。定期的にシェアごはんを提供し、つながりが希薄な世の中に警鐘を鳴らす。ゲストハウスもオープン。国内外のアーティストや旅行客、合宿などに、地元の文化や食材などを提供し、地域のコンシェルジュ的な役割を果たしていきたいというオーナーの熱い思いが原動力となっている。

（畔柳千尋）

コラム②　アーティストと社会をつなぐ

アーティスト、アルマ・キントは一九六一年生まれ。母国フィリピン各地をはじめ、日本、韓国、香港など、各国の美術館やＮＧＯ、大学から招待され、アート・プロジェクトを行ってきた。

私はこの十年程の間に、アシスタントとして彼女のプロジェクトに参加する機会を度たび得た。ある時の会場は、フィリピン南部の小さな島の簡素なホテルだった。その島は十数年前まで政府軍とゲリラ軍の戦場だった。島の女性のある者は武器を持って闘い、ある者は非政府組織で働き、ある者は教員をしながら生き延びた。女性たちは、同じ島に住んでいたが、立場の違いから、交流の機会がほとんどなかった。そんな島で、アルマ・キントは、女性たちに裁縫アートへの参加を呼びかけた。先ず一人ひとりに、Ａ４サイズ程度の白い紙に水彩絵の具で、自分の全身像を描いてもらった。それを起点にして、各々が自らの人生を振り返るのだ。それから、カラフルな布片を自由に縫い合わせ、各々が小さなタペストリーを作った。テーマはそれぞれの将来の夢だ。最後に、互いにタペストリーを見せ合い、語り合う。プロジェクトの初日、一〇名ほどの参加者はみな黒っぽい地味な服を着ていた。ところが翌日から、赤やピンク、花柄など明るく華やかな服をまとって、彼女たちは会場にやって来た。敵対もあり緊張した関係だった女性たちが、裁縫アートを通して会話を始め、互いの人生を知り、それぞれの夢に耳を傾ける。彼女たち一人ひとりの気持ちが和らぎ、アートを通した新たな関係が生まれたのだ。

アーティストとは、モノやコトを生み出して、人びとの心を動かす人のことだ。結果、地域に新しい人びとのつながりが生まれることもある。この社会には、アートマーケットで作品が高額取引される有名なアーティストもいる傍ら、ほとんど無名のアーティストも沢山いる。

戦争や災害、貧困、暴力、差別、病気など、この社会はやるせないことに溢れている。私は、有名無名に関わらず、アルマ・キントのように、困難な状況にある人びとをつなぐ仕事をするアーティストが好きだ。彼女のようなアーティストを、さまざまな立場や境遇にある人びとと、つなげてみたいと思う。コーディネーターやキュレーターとして展覧会やワークショップを企画すること、ライターや研究者として彼女の仕事を取材すること、プロジェクト運営への助成金の仕組みをつくること。アーティストと社会をつなぐ方法はいくつもある。

（中西美穂）

第六章　市民運動が紡ぐ社会文化

「六〇年安保」とその後の「新しい社会運動」の動向は、私たちのいのちと暮らしを見直す契機となった。その後、市民運動の停滞が言われるなか、「3・11」が起き、戦後の日本社会をあらためて問い直すことになった。他方で、社会・市民運動は、様々な記録によって現在に活かされている。そこにアーカイブズのあり方を問う意義がある。

東日本大震災から半年ほど経った女川漁港．文字通り倒壊した建物を前にして言葉が出ない．［大関雅弘　撮影］

(1) 戦後社会と市民運動

戦後日本の市民運動の起点は一九六〇年の安保闘争に求められる。当初は総評と革新政党を基軸とした「革新国民運動」の枠組での運動であった。だが自民党が警察権力を導入し、単独採決を強行して以降、争点は安保改定の是非から「民主か独裁か」(竹内好)へと移る。民主主義の危機を認識したこれまでデモに参加したことのない人びとが国会を取り巻く抗議デモに参加し始めた。その盛り上がりは当時の岸信介内閣を最終的に退陣に追い込んだ。

日本は「市民革命」の歴史を持たない国と言われるが、「六〇年安保」は市民が運動によって一つの政権に終止符を打つ画期的な政治的経験であった。この背景には高度成長のなかで都市の新中間層が一定の厚みを持って形成されてきたことがある。

「戦後社会」が前提としていた平和と民主主義の理念や、経済成長や近代産業主義の価値観が捉え返され、人間らしく生きるとは何か、いのちや暮らしの根本に立ち返って社会や政治のあり方を問い直す「市民運動」が台頭するのは一九六〇年代後半から七〇年代にかけてである。これらの動きは、先進国における「新しい社会運動」に呼応している。

一九六五年結成の「ベトナムに平和を！市民連合」(ベ平連)は、党派とは異なる「市民」の運動であることを強く意識していた。資本主義か社会主義かの体制選択の問題ではなく、ベトナム戦争反対の一点共闘の運動を目指した。運営面では、参加者の自由意思を尊重し、ピラミッド型の指揮命令系統を持つ組織ではなく、ネットワーク型の運動体にこだわった。

米軍脱走兵支援や戦車阻止闘争、米国大使館・領事館前での座り込みなど非暴力の市民的不服従や直接行動を果敢に展開したのも特徴的である。個別具体的な人間の生きる場で身体を張って反戦・平和を実践したところにベ平連らしさはあった。大衆動員・議会への圧力が主流であった従来の左翼運動とは異なる社会変革の姿勢がここにはある。

「六〇年安保」には二度と戦争に巻き込まれたくないという「被害者」意識が基軸にあった。それに対してベトナム反戦運動では、「平和憲法」を持ちながらも米国のベトナム戦争に「加担」している日本政府とその下で経済的繁栄を謳歌している私たちの「加害者」性が強く意識された。戦後の平和と民主主義は他者の犠牲の上に成り立つ多数者の利益であり、それは一つのエスタブリッシュメントであるという「戦後社会」批判である。

経済成長や近代産業主義への問いは、公害や環境問題を主題とする、あるいは女性解放を求める市民運動を通じて発せられた。

高度成長の時代は、性別役割分業体制が構築され、性の商品化が進展した時代であった。こうしたなかでウーマン・リブの運動は一九七〇年代に開花する。「個人的なことは政治的なこと」というスローガンに見られるように、ウーマン・リブの運動は女性の社会的地位向上を目指す従来の婦人解放運動とは異なり、ともすれば個人的とみなされがちな女性一人ひとりの日常的な意識のなかに、性別役割分業や性差別を強いる社会の意識や構造を探り当てて、それを変革していこうとするものであった。そこでは性別役割分業意識が焦点化され、女性を家事・育児に閉じこめる一方で、男性をいのちと暮らしの価値から疎外し、近代産業社会の価値意識に封じ込める抑圧的性格が明るみにされた。

水俣病に典型的だが、国が主導した開発政策の矛盾が地域における公害問題として噴出したのもこの時期である。それは生産力の成長と市民の豊かな生活の間のズレの問題とも言い換えられ、国と結びついた企業によって人びとのいのちと暮らしが脅かされる社会の到来を意味した。賃金の引き上げを主とする企業労働者による労働運動と、地域住民の人間らしい暮らしや豊かな自然環境を求める運動との間に生じる対立や葛藤も顕在化した。他方で、公害反対闘争の現場では「安心・安全」を騙る国家や企業を相手に、公害被害を明らかにするべく住民たちによる学習運動が展開した。そこでは誰のための学問・科学なのかが鋭く問われた。

一九八〇年代に入るとバブルの時代になり、生活保守主義とも言われる現状肯定の文化が蔓延し、市民運動は停滞する。だが、近年グローバル化のなかで人びとの間で格差と貧困が露骨に広がり、それに抗する市民運動も胎動を見せている。こうした動きが本格化するには自己責任論の呪縛からの解放が必要である。社会の矛盾と向き合い、社会に問いかけ、新しい価値意識や生き方を追求する市民運動の歴史的経験を掘り起こし、現在の常識にしていくことは日本における自己責任論を捉え返す「抵抗の文化」形成として重要である。

（和田悠）

（2） 市民運動の記録と運動経験の継承

人びとの意思と行動と連帯が織りなす市民運動は、その過程に、メモや日誌といった覚え書き、書簡や写真、通信や機関誌、告知・宣伝用のチラシやポスター、提出した請願・陳情・要望書など、音声や映像になったものも含め、さまざまな記録を生み出す。それらはその時点での出来事や思いや状況を、運動の当事者自らが記録したもので、瞬間瞬間の記憶を封じ込めた運動の存在証明といえる。また運動には活動の方針や方法を検討するための学習や話し合いがともなう。そこで用いられ参考にされた文献や書類は、当事者以外の者の手によるものながら、運動が何に依拠しどんな影響を受けたのかを物語る記録となる。さらに運動の後から生まれてくる記録として、運動に関するまとめや紹介、調査研究などがある。これらは、運動の時点より後に、上述の運動の過程で生まれ用いられた記録類をもとにして、当事者はもちろん運動に関心を持つ者によって編まれる記録で、運動を評価し広く一般に伝える役割を持つ[(1)]。

市民運動は、こうした記録によって歴史のなかに生き生かされる社会的な事象である。それ自体は、既存社会への異議申し立てとして現われ、目的の達成もしくは目的の喪失にともない終わりを迎える有限の動きである。だがその軌跡が事実として示され周知されるなら、運動の経験や成果は、時代を越え地域を越えて、次の世代や後に生まれ出る運動にも影響を与え得る。記録はこの伝えつなぐための媒体であり手段である。運動の存在事実を物語る記録と、それを用いて編まれた運動の意義を伝える記録が、市民運動を歴史に位置づける資料となり、運動の記憶を社会の記憶として未来へ生かしていくことを可能にする。

しかも記録は、運動を語り伝える資料であるにとどまらず、資料となる前提にある「記録する」「記録をつくる」という行為をもって運動経験の共有や継承を成立させる。

市民運動の現実を記録するのは、運動の当事者である。本人に記録している自覚はなくとも、仲間内の雑談でとった走り書きも、何気に書き付けたスケジュールも、客観的にみれば具体的な活動内容を教える貴重な記録である。なかでも情報発信や運動の拡散を意図して定期的に刊行された通信（ニュース）や機関誌の類いは、文章をまとめることに始まり、編集、印刷、発行、関係者への送付といった共同の作業からつくりあげられる。この行程で共に模索し力を合わせるなかから呼び起こされる連帯感や集団への帰属意識は、各人の運動に対する心構えや姿勢はもちろん、運動体としての結束や活動の深化にも影響を及ぼすであろう。記録することは、運動の事実を分かち合い共通の体験にしていくことでもある。

さらにこうした記録をもとに編まれる記録が、運動のなかでの当事者間の体験を、運動の後も引き継がれ共有される経験へと発展させる。関係者による手記にせよ、第三者がつづる解説や研究書にせよ、これら新たに編まれる記録は、運動が残した記録と対峙して運動の実相に迫り当時の心情や状況を読み取ろうとする、記録との対話と格闘を経てつくり出される。そして運動を世間に知らしめ、運動と出会いそこに学ぶ機会を他者や社会に開く働きをなす。いわば運動を追体験するなかから、運動の記憶を過去の所産から生きる記憶へと押し上げ、運動経験として分かち合うことを未来に向けて可能にする[(2)]。

記録され史実となるのが当然の公的事象に対して、市民の自発的な活動は、意識的な記録化があってこそ人びとの記憶にとどまり歴史のなかに生きられる。市民運動を記録する営みは、既存の秩序や権威への対抗性から「正史」や「通史」におさまりきらない市民運動を、市民の歴史として紡ぎ、人びとの経験としてつなぐ運動といえよう。安保反対運動やべ平連運動といった過去の運動が、今も運動が起こるたびに話題にあがり引き合いに出されるのは、さまざまな記録がそれらを顧み学ぶべき存在として生かしてきたからにほかならない。運動を記録することは、人びとの精神と態度が形成する運動の文化というものを受け継ぎ受け渡していく営みなのである。

これは、前掲の広く名の知れた運動の場合に限ったことではなく、地域の埋もれた歴史を書きおこす住民の取組みや、市民の手で災害の体験を記録する試みといった、地域や現場に根ざした記録の活動にもいえることである。

この記録の営みのためにも、アーカイブズ機関のような市民運動資料を保存し公開する仕組みの普及や整備が求められる[(3)]。記録が守られ、さらなる記録化への橋渡しが保障されてこそ、運動経験は記録を通して伝え継がれ、市民運動は市民の手で歴史となる。

（山嵜雅子）

（3）社会・市民運動とアーカイブズ

二〇一八年、ドイツ語圏の女性運動アーカイブズ・ポータルサイト「デジタル・ドイツ女性アーカイブ」(Digitales Deutsches Frauenarchiv：ＤＤＦ）が公開された。ＤＤＦの財源は、アーカイブズ所蔵機関のネットワークが連邦家族高齢者青少年女性省から獲得した四百万ユーロ（期間三年）の助成金である。連邦政府がこれほどの規模の助成をしたのは、ドイツの社会・文化・歴史にとって女性運動の記録が重要だと認識していたからだろう。しかし、すべてを可能としたのは、さまざまな活動の記録を保存し、自らの歴史を自ら紡ぎ続けようとするドイツの女性たちの長年の努力であった［Bacia et al. 2013：179-86］。

日本でも、多くの社会・市民運動（以下、「運動」）記録が運動する市民たち自身の手で保存されてきた。水俣病患者・家族のよりどころであり、記憶を伝える拠点でもある水俣病資料センター相思社（一九七四年設立）や、大阪の労働・社会運動資料を収集・保存・編纂・刊行を目的とする大阪社会運動協会（一九七八年設立、同協会の資料関連部門が大阪産業労働資料館エル・ライブラリー）などがよく知られている例である。

国際公文書館会議の定義によれば、アーカイブズとは「業務遂行の過程で個人又は組織により作成・収受されて蓄積され、並びにその持続的価値ゆえに保存された文書」を指す［International Council on Archives 2012］。この定義のベースとなっているのは、主として行政や企業などの官僚的組織が一定のルールにもとづき継続的に管理する文書だ。しかし運動も、日々の活動の中でノートや打ち合わせメモ、会議資料や会計記録、名簿や書簡などの多様な記録を作成・保存しており、それらの総体が運動のアーカイブズであると考えてよい。一方で、運動の資源とエネルギーは運動の目的を達成するための活動に投入され、活動の副産物である記録の管理や保存には回されないのがふつうである。記録保存が課題として浮上するのは、多くの場合、活動が行われる空間が手狭になったときや、運動が何らかの理由で終わるときだ。そうした場面になってはじめて、運動は自らの記録をどう処分すべきか（廃棄か保存か？何を残すか？　誰が、どこで、いつまで保存するのか？）を考えなければならなくなるのである［平野 二〇一六：三九］。

　また、デジタル技術の進歩により、運動記録の大部分が電子記録として作成されるようになったことが、その保存をさらに難しくしている。電子記録は媒体やソフトウェアの陳腐化の影響を受けやすく、つねに意識的に管理しなければならない。更新や複製の容易さがオリジナルとコピーの区別をほぼ無意味にし、保存すべきものと捨ててよいものとの見極めを困難にした。そして運動の記録は現在、電子メールやSNS、ウェブサイトやクラウドストレージなどに分散保存されている。とくに、ユーザーの権利よりもサービス提供側（グーグルなど）の利益が優先されがちな無料のサービスを利用している運動は、利便性の代償として、予期せぬサービス停止や記録喪失などのリスクを負ってしまっていることになる。

　このように、運動記録の体系的管理・保存を難しくしている要因は多い。そしてそもそも、運動はそれ自体の存続をめざすものではない以上、運動の「今」に働きかけなければ、質の高い運動記録を確実に保存することは困難なのである。そのことが早くから認識されている海外では、運動アーカイブズを収集対象とする専門機関が、現在進行中の運動の記録を当事者との協議により受け入れ、適切な環境で保存・管理し、利用提供も行っている。たとえば、オランダ・アムステルダムの国際社会史研究所は、国際的なNGOであるアムネスティやグリーンピースのアーカイブズを継続的に、電子記録も含めて受け入れている。日本でも今後、同様の実践が増えることが望ましい。しかしそのためには、受け入れ機関側の人的・財政的・技術的基盤の強化が必要となるだろう。

　人びとが運動という場で結びつき、活動していくことも社会文化の一つのありようなのだとしたら、そうした文化を問い直し、更新し続けるためにも、運動の記録が保存され、すべての人に開かれている必要がある。そのためには、運動記録の管理・保存・公開という営み自体を社会文化運動の一側面と捉え、運動当事者・研究者・アーキビストをはじめとする多様な主体が日常的に協働し、知恵を出し合っていくことが求められるのではないだろうか。

（平野泉）

（４）３・11後の市民運動と社会

二〇一一年三月一一日の東日本大震災、そして東京電力・福島第一原子力発電所の事故は把握されているだけでも数十万人の避難者を生み、その規模は戦争に匹敵する。市場経済では本来は成り立たない高リスク・高コストな原発だが、使用済み核燃料からは核兵器に転用可能なプルトニウムが得られるため、日本は原発を保持するための社会構造を政界―官界―財界の鉄のトライアングルで作りあげてきた（日本は「日米原子力協定」で、プルトニウムを取り出す核燃料サイクルを非核保有国の中で唯一認められている）。３・11後の社会運動は、この戦後日本社会のあり方を改めて問い直すことになったのである。

二〇一一年四月一〇日、東京都杉並区高円寺で始まった脱原発デモには一万五〇〇〇人が参加し、各地方都市や海外でも同時展開された。政治の中心地である霞ヶ関、国会議事堂前、総理官邸前では脱原発デモが毎週定期的に開催され、最盛期には二〇万人を集めたと言われる。参加者の中には普段から地道な活動を行っている人も少なくないが、その一つが市民放射能測定所の活動だ。

日本では原発事故の影響を小さく見せるために、事故の影響を行政区域としての「福島県」に代表（限定）させる政治が行なわれてきた［清原 二〇一七a］。たとえば、一九八六年のチェルノブイリ原発事故では、事故直後からソビエト連邦の政府機関によって30㎞ゾーンよりもずっと広い範囲の放射能汚染地図が作成されていき、数年後に徐々に公開された。これが被災者の被害を補償し、健康を守るチェルノブイリ法制定（一九九一年）へとつながった［尾松 二〇一六：五二―六六］。しかし、３・11後の日本では同様の地図は作成・公開されなかった。これに対し、二〇一四年に日本各地の市民放射能測定所が連携を図り、東日本一七都県で土壌に含まれる放射性物質を調査する「東日本土壌ベクレル測定プロジェクト」が開始された。事故の影響を「なかったことにさせない」を合言葉に、三年間で延べ四千人の市民の協力を得て、統一した手法で三四〇〇カ所以上の採取・測定を行なった。その結果をマッピングしてＷＥＢで随時公開したが、さらには自前で出版社を立ち上げ、書籍にまとめて出版した［みんなのデータサイトマップ編集チーム 二〇一八］。市民科学の結晶といえる同活動だが、チェルノブイリ原発事故前からの反原発運動への参加者の経験やネットワークも活かされるなど、ここには三〇年超の市民運動の継承性が見られる。

「脱被ばく」という観点から重要なもう一つの活動に「保養支援」がある。「保養」とは汚染地に住む子供への「心身の健康回復を目的として汚染が少ない地域へ移動するプログラムやその施設」の提供を指す。チェルノブイリ事故で甚大な放射能汚染を受けたウクライナ・ベラルーシでは、国の施策として「保養」が展開され、現在でも両国でそれぞれ年間五～六万人程度が国費で保養に参加している。福島第一原発事故後の日本では保養を国が政策化しなかったため、主に民間での活動が展開されたが、二〇一八年時点でも年間延べ一万人以上が支援団体を通じて「保養」に参加し、保養情報をまとめたホームページ「ほよ～ん相談会」には二〇一二年七月の運用開始以来、毎年三〇万弱のアクセスが続いている［疋田香澄 二〇一八］。しかし、民間での手弁当の活動にも限界が訪れている。「権利」を公的に保障するための日本版チェルノブイリ法の制定や、放射能汚染防止法の制定（環境法の対象外だった放射性物質には総量規制がなく、希釈すればいくらでも環境中に放出できる問題がある）を求める市民の動きも見られる［FoE Japan 二〇一七］。

それにしても、なぜ世界有数の火山・地震国である日本に五四基もの原発があり（世界三位）、事故後も原発輸出を進める動きが加速しているのか。その理由の一つは、一九六一年制定の原子力損害賠償法（原賠法）では、原子炉をつくるメーカーには製造物責任法が適用されないと記されているからだ。これに対し、原賠法の規定は違憲であり、原子炉メーカー（GE、東芝、日立）にも事故への損害賠償責任があるとする訴訟が二〇一四年一月に起こされた。同訴訟の中心を担ったのが朴鐘碩（パクチョンソク）と崔勝久（チェスング）の二人の在日朝鮮人である［崔 二〇一四］。二人は日立就職差別裁判（一九七〇～一九七四）を闘ったことで知られているが、法律により差別されながらも、反差別闘争でその一部を撤回させてきた「在日」としての経験が、原発メーカー訴訟を起こす原動力となった。福島になぜ東京電力所管の原発があったのかを含め、植民地支配や差別の歴史から日本社会を問い直すことが必要である。

（清原悠）

コラム① まちのアーカイブ

「まちのアーカイブ」というと、何を連想されるであろうか。「アーカイブ」という言葉から、公文書などの公的記録を保管、記録している行政所管の公文書館などを連想されるだろうか。もちろん全国各地には、地方公共団体など行政の所管する公文書館が、一三八の公共団体に存在するとされているが[(1)]、「まち」という言葉が意味する身近な地域的なエリアで考えると、その数は圧倒的に少ない。また、公的な組織の関与での公文書館による資料の管理運営はもちろん望ましいが、政策実施が基礎自治体レベルにおいて徹底しているかといえば、現状ではそれも難しく、都道府県レベルで七割以上、基礎自治体レベルでは五％ほどの設置率に止まる。

一方で、全国の各地には、地域の社会運動・社会活動の一環として生成した資料等を記録し、保管し、場合によっては展示も行っている施設が点在している。それぞれの設置された歴史的な経緯や過程によって運営に関してさまざまなセクターが関与する場合もあれば、いわゆる任意団体が設置主体として運営している場合もある。都市部を除き行政的な社会インフラの整備が困難な地域社会の多くでは、ほとんどが民間や任意団体運営のケースが散見される。言うまでもないことであるが、社会運動や社会活動自体が、課題を周知させることもその展開過程に含むために、時代ごとの技術的な環境に合わせてさまざまに作成してきた「成果物」は、結果としてその活動を遡れる一次資料、史料としての価値を生成する。いわば地域にとっての「地域資料」の一翼を担う[(2)]。

他方、地方で民間団体が独自に運営しているケースもある。徳島市吉野川第十堰周辺にあり可動堰建設住民投票の資料が保管されている、環境教育ＮＰＯが管理する「お堰の家」[(3)]や、香川県小豆島郡豊島における産業廃棄物問題資料館など、活動の進展と地域課題の根深さもあり、数十年の社会運動の足跡をたどる貴重な資料が保管されている。

このような展示物も含めて、「まち」の歴史を語る際にかかせない資料群を保管する「まちのアーカイブ」が、現状では自治体運営の組織に所管され得るか否かも課題であるし、一方地方行政の資料保管取集政策や実施力を考えると、資料収集の受皿の構築は、「まち」の歴史の継承がかかわるだけに「市民運動が紡ぐ社会文化」を考える際の重要な論点となるだろう。

（中俣保志）

コラム②　「運動」の媒体としての写真

沖縄・伊江島の阿波根昌鴻[1]（一九〇一～二〇〇二）がその生涯をかけてやってきた「運動」とは、どういう運動だったのか。農民運動、住民運動、市民運動などと名づけてみてもあまりしっくりこない。阿波根のたたかいは、米軍による土地の強制収用（一九五五年）によって住宅と農地を奪われ、いわば「流民」となったことによって始まった。それは、裸の「人間」のたたかいであり、生身の「人間」を対峙させた運動であって、そこに「人間性」をかけた運動なのである。つまり、自己を取り戻すだけでなく、敵の「人間性」をも回復させることを目指した運動だったのである。

沖縄という地域は、近代の日本国家によって、台湾出兵（一八七四年）の口実とされて以来、琉球処分（一八七九年）を経て国民国家へ組み込まれた後、一五年戦争の末期に沖縄戦で「捨て石」にされ、米軍の占領とともに、いわば「流民」の島と化した。また、沖縄本島以外の離島で唯一米軍基地が配備されている伊江島は、それゆえ「沖縄の縮図」ともいわれる。阿波根たち土地を奪われた伊江島の「人間」は、「流民の島のなかの流民」として沖縄を象徴していたのだ。

土地を奪われた「流民」として阿波根は、伊江島だけに閉じこもらず、広く世間へ訴えるために「乞食行進」を始める。請願行動としては沖縄本島のなかに限られていたが、こうした活動は新聞や雑誌のメディアに取り上げられ、世界へ発信された。また、この問題のなかにストーリー性を感じた者によって、小説や戯曲となり、ビジュアル的な演劇や映画として表現されていく。火野葦平の小説「ちぎられた縄」（一九五六年）は、戯曲となり文化座によって同じ年に公演された。その他にも、東陽一監督作品『沖縄列島』（六九年）では本人による出演もあり、山本薩夫製作・武田淳監督作品『劇映画沖縄』（七〇年）などにモデルとなって描かれた。文化座は二〇一七年に『命どぅ宝』の公演で、瀬長亀次郎とともに阿波根を主人公とした。

当初、阿波根はたたかいのための証拠写真として撮影を始めたが、のちに五〇年代のたたかいの伝達のために、プリントを使うようになる。その写真の芸術性の高さに気づいた写真関係者の勧めもあり私家版の写真集を出し（一九八二年）、八四年には写真を展示の骨格とした資料館を建設し現在も運営している。

資料館に入りきれなかった写真を含む資料など約一〇万点が残され、二〇〇二年以来整理と保存の調査活動が続いている。ごく一部公開できているものもあるが、まだ全面的には程遠い。だが、こうして残された資料を整理する地道な活動も阿波根の「運動」であるということを実感する。

（小屋敷琢己）

コラム③　震災の記録と記憶

新潟県中越地震（二〇〇四年）の被災地では、自治体や企業・団体などによる公的な記録誌の作成とは別に、一般の市民の手で被災経験を記録する活動が数多くみられた[(1)]。その中心的な担い手となったのは、多様な女性たちのグループである。地震のためにつらい経験をしたけれども、それを次の災害への備えにつなげたい。そうした思いが共通の動機づけになっている。

たとえば女性学の学習サークルに集う女性たちは、『へこたれていられない！』と題する地震体験記（冊子）を二年続けて刊行した。災害は普段からそこにある問題を顕在化させる。被災地では「男女共同参画」はお題目にすぎず、家庭や地域の実態は相変わらず男性中心のままだった。男性がすぐに職場復帰する一方で、避難所でも家庭でも地域でも、女性たちは良い妻・嫁・母を演じるプレッシャーを感じていたのである。

こうした被災の記録を自由意志で自主的に残そうという動きは、中越地震の被災地で同時多発的に起こった。経験を記録した多くの冊子類が刊行されたが、時間の経過とともに散逸してしまうことが危惧された。地震から四年後に『女たちの震災復興』を推進する会」が結成され、さまざまな団体が作成した記録を集約し「女性たちの思い」をまとめる事業が始まった。この会が二〇一〇年に刊行した記録誌『忘れない。』女たちの震災復興』には、二四点の冊子類から抜粋された「被災女性の声」が掲載された。それにより、各グループの記録集の存在と特徴を知ることができるとともに、震災を女性の視点で見つめた貴重な声を集約したものになっている。

長岡市は、こうした女性たちの声を受けて地域防災計画を見直し、男女共同参画の視点で災害に対応することを盛り込んだ。たとえば避難所運営の項目には、「男女の視点の違いに十分配慮し」という目標が掲げられ、具体的には「授乳室や着替えスペースの確保、視聴覚室など使用可能な教室を開放して子供を遊ばせるなど、女性の視点に立った避難所運営に努める」と記されている。

中越地震の経験を記録する女性たちの活動は、地元自治体の施策に反映されるとともに、東日本大震災の被災当事者にもいくつかのルートを通じて届けられた。被災や復興の局面で軽視されてきた「女性の視点」は、こうした努力を通じて少しずつ根づきつつあるといえる。被災を記録し記憶を継承する営みは、当事者である女性たちやそのグループにおいても、自らの活動を振り返り、より地に足のついたものにする契機となっていった。被災は厳しい経験だが、その捉え返しにより、市民文化の成熟につながる可能性を見いだすことができる。

（松井克浩）

第七章　「社会文化」の研究

これまでの各章で見てきた「社会文化」という概念は、どのように定義することができるのであろうか。ここでは暫定的に試論を示す。そのうえで、「社会文化」を研究する際の基本的な事柄を述べる。また最後に、「社会文化」の視点からドイツ、韓国、アメリカの市民運動について紹介する。

社会文化学会のドイツ研究集会で訪れたフランクフルトの社会文化センター（NAXOS）.
工場の建物が活用されている.［山嵜雅子　撮影］

（1）「社会文化」という概念

「社会文化」という言葉はドイツ語の soziokultur の翻訳語である。六八世代と呼ばれるドイツの若者たちがマルクーゼの「現状肯定文化」を援用しながら提起したのが、この「社会文化」という概念であった。谷和明によれば、その当時、大都市の文化行政責任者や国会議員という地位にあった社会民主党系の少壮気鋭の論客たちが、エリート的な高級文化偏重に対抗してポップカルチュアやサブカルチュアを含めた大衆文化を発展させようとする革新的都市文化政策の試み、あるいは文化・教育運動と社会・福祉事業を統合する試みを、「社会文化」概念のもとに構想したのであるが、そのスローガンである「万人のための、万人による文化」に、新しい社会運動を志向する六八世代の若者たちが共鳴することにより、ドイツにおける社会文化運動の基盤が作りだされたのであった〔谷 一九九八〕。

それから五〇年経った現在、ドイツの社会文化運動は、社会政策、教育政策、文化政策をクロスオーバーしながら、移民・難民問題、青少年問題、薬物問題、環境問題などさまざまな社会問題を市民の手で解決していく活動として社会に根づいている。各地にある社会文化センターを中心にして、世代や文化の異なる多様な人たちが交流するなかで、文化を受動的に摂取するのではなく、個々人が自らの主体的な行為とその相互の関係によって、生活に密着した文化を創造していくことが目指されている。それがひとつの生活のスタイルとして、個々人の生き方として定着しているのである。また、社会文化センターの運営は、可能な限り自主的な管理が目指されており、そこに集う人たちが民主主義的な制度や関係を学ぶ場にもなっている。

さて、一九九八年九月、ドイツでの社会文化運動の現地視察を経て、その年の一一月に日本において社会文化学会が設立された。その「趣意書」には、「社会文化」概念を提起する理由が次のように述べられている。「システムと文化は、自己展開・自己増殖し、その全体像の把握はますます困難になってきており、その結果、人間自身の手による自律的な文化形成の課題が今日ますます不透明になってきて」いるという認識を踏まえて、「現代における政治、経済、教育などの諸現象と諸問題を文化現象と文化問題として捉えかえす必要がある」。このように、「人間自身の手による自律的な文化形成の課題」を遂行するという目的を持って、現代の諸現象と諸問題を文化として捉えかえす方法として「社会文化」概念が提起されたのである。とはいっても、ドイツの社会文化運動をそのまま日本に持ち込むことができるほど日本社会が成熟していなかったために、方法としての「社会文化」概念を提起するのに留まらざるをえなかった〔大関二〇一二〕。

社会文化学会が設立されて二〇年経った現在、日本社会は大きく変化した。新自由主義政策がもたらす社会諸階層の分断化を、権威主義的・官僚主義的に解決しようとする社会統合のあり方に対抗するものとして、市民が「下から」問題を解決しようとする取り組みが広範に現われてきた。こうした動向を踏まえるならば、「社会文化」概念は、方法としてのみならず、経験的な次元で実質的な内容に即して検討しうる地点に達したといえよう。

本書の各章で扱われている市民生活におけるさまざまな取り組みをみると、伝統的な人間関係を脱して、個々人の主体的な行為とそれにもとづく自覚的な人間関係、すなわち social な人間関係が形成され始めているといえるのではないだろうか。こうした関係を基礎にした社会的連帯こそ、いまわれわれが必要としているものである。

とはいえ、「社会文化」概念を明確に定義するのはなかなか容易なことではない。社会文化学会に参集した会員の間にも共通の認識があるわけではないからである。そこで、ここでは暫定的に「社会文化」概念の枠組を提示することにしたい。

①現在の（日本の）社会構造のあり方と人びとの社会生活の現実とを文化を媒介にして結びつけて捉える。

②社会生活の現実を踏まえて行われる活動や運動を当事者たちによる社会的文化的な人間関係の「形成」から捉える。

③そうした人間関係を「形成」していく文化が既存の社会構造を変革する重要な力になりうると捉える。

日本の現状に対する自覚的な意識にもとづく社会文化活動・運動の蓄積を踏まえて、これからも「社会文化」という概念を精緻化する試みが継続していくことになろう。いずれ日本においても、個々人の生き方として「社会文化」が定着することを願って。

（大関雅弘）

（2）社会文化研究の進め方

経験的研究に対する最近の傾向として、ある種の「客観性」を重視するあまりに、研究者が抱く価値とはかかわりなく研究することができる、あるいは価値的に「中立性」を装う、という態度がみられる。経験的な研究である以上、実証性を重視することは当然であるが、たとえば、質的な研究を無理に量的な研究に還元しようとすると、数字の魔術に陥ってしまいかねない。すなわち、数字で表現されているから客観的だというふうに思考が逆転してしまうことがある。アンケート調査を実施したことのある人であれば、対象者がさんざん迷った挙句の回答であっても、記入されれば自動的に処理されて、数字が独り歩きしてしまうという経験をしたことがあるに違いない。もちろん、だから量的な調査はダメなのだと言いたいのではない。むしろビッグデータを活用したり、コンピュータの機能をうまく使いこなすことにより、一層研究を進展させることが期待されうる。そうであればこそ、データの裏には人間の営みがあることを絶えず意識して、数字の独り歩きを避けなくてはならないのである。さらに言えば、データの数字自体が事実を客観的に語ることはない。研究者は、自らの研究上の「問い」に対して、データの数字を意味的に解釈して「答え」を導き出そうと努めるのである。

他方で、こうした「客観性」を求める研究動向は、最近目にすることが多くなった、ある種の「主観主義」に対する反省によるものとみることもできる。ある種の「主観主義」というのは、自らの研究上の「答え」が妥当性を持つことを、少なくても自分はそう考えるからということに依拠するような研究態度のことである。研究という営みは、言うまでもなく、多くの先人たちの研究蓄積の上に立って、自らもその学問的な集団の一員として参加することにより、新たな学問的進展に寄与しようとするものである。それを無視して自らの研究の独自性を打ち出そうとしても、独断に陥ってしまうほかないであろう。

以上を踏まえて、「社会文化」研究をどのように進めていけばよいのかを述べていこう。すべての「社会文化」研究が経験的研究とは限らないものの、本書のさまざまな章で取り上げられている社会現象・社会問題の多くは実証的な経験的研究である。すなわち個人と個人との相互行為による諸関係からなるものとして集団や仕組みを捉えるが、とくにその際に個々人の主体的行為とそれにもとづく自覚的な人間関係に焦点を当てる。というのは、そこに「社会文化」形成の基礎を見出すからである。そうした人間関係からなる社会領域（狭義の社会）に依拠して、この社会領域と経済領域、政治領域からなる社会システム（広義の社会）のあり方に迫り、変革していこうとするのである。したがって、「社会文化」研究は、権威主義的・官僚主義的な「解決」に対抗して、市民が「下から」問題を解決しようとする取り組みに着目する。

こうしたことから、「社会文化」研究を進めるにあたって、研究者の規範的コミットメントは避けて通ることはできない。とはいっても、これは研究論文を作成する際に特定の価値理念から論述せよということではない。あくまでも実証にもとづく経験的研究でなくてはならないのである。では研究者が抱いている価値理念は、研究上でどのように位置づけることができるのであろうか。その理念によって研究者の問題意識が形作られるとともに、そこから研究のための視角が生み出されるのである。これはいわば論文の0章ともいうべきものであって、論文作成の前提となる。この前提から論文の「問い」が提起されるのである。問題意識が鋭いほど研究の視角も鋭くなり、新たに提起された「問い」の学問的な意義も大きくなるであろう。この「問い」に「答え」るために、論文の本論では実証的に事実を積み重ねて論証していくことになる。その論証の成否は、「問い」と「答え」の整合性にかかっている。

なお、論証の「客観性」について、現段階では一義的に確立された方法があるわけではない。むしろ課題は山積している。たとえば、量的調査における数値データによって導き出された結論が対象となっている現実とどのような関係にあるのか、あるいは質的調査によって得られた個人や地域についての個別のデータからどのようにして一般的な結論を引き出すことができるのか、検討されなければならないであろう。いずれにせよ、論証の「客観性」を保持するための第一歩が開かれた議論にあることは明らかである。

（大関雅弘）

（3）社会文化のフィールドワーク

「社会文化をつかむ」ということ。口で言うのはたやすいものの、それを忠実に実行しようとすればするほど、途端に暗礁に乗り上げてしまい、結局は表層的な社会批評にとどまってしまうことも少なくない。そんな社会文化研究の難しさについて、ここでは調査手法としての「フィールドワーク」に焦点を当てて考えてみたい。

そもそも「(社会) 文化」というものは、当該社会と切り離されて存在するものではなく、その社会現実の只中に埋め込まれているものである。そのため、外部からただ切り取って見せるだけでは、その文化が息づいている実質までは摑むことはできない。そこで調査者に求められるのは、自己の異質さを和らげ、「その現場に内在する者」としての自己の立ち位置を獲得していくという所作である。そのプロセスを経ることで、ようやく普段の日常に近い状態に接することができるし、調査者自身のなかにも徐々に文化が浸透し、それを摑んでいくことができる。もちろん、「調査者がいない日常空間」そのものに入り込むことはできないため、あくまで近似値しか把握することはできないが、「どこまで入り込めるか」という部分が、フィールドワークにおいては非常に重要となる。

他方で、その文化の只中で生きている人びとにとっては、そこに息づく文化は「あってあたりまえ」のものであり、特段意識されるものでもなかったりする。そこを摑むために、当該社会のなかに入り込んで文化を直接体得していくという営みがフィールドワークであるが、その文化に慣れ親しんでいくうちに、調査者にとっても「あってあたりまえ」のものとなっていく。同じ状況を共有しているからこそ通じる「ああいう感じ」という表現は、外部者に対してはけっして語られない内容であり、それをどこまで引き出せるかがまずは重要な課題となるが、調査者には同時に、「〝ああいう感じ〟とはどういうことなのか」をあえて問うていくという姿勢もまた、不可欠である。「文化」というものは、異質なものとの出会いにより可視化されていくものであり、その意味で調査者には、「現場に入り込む」というだけでなく、「外部者」としての立ち位置も保持し続けていなければならない。

「その場に入り込んでいる内部者としての自己」と、

「その場を客観的に捉えている外部者としての自己」というこの両側面を常に保持しながら現場に居続けるというあり方は、ひどく不安定で居心地の悪さを伴うものである。きわめて落ち着かないこの立場にどこまで踏みとどまれるかということが、社会文化研究当事者（調査者）には常に問われてくる姿勢となってくる。

こうした立ち位置の二重性という点は、フィールドワークにおける最大の肝であるが、それはあくまで調査者の視点、つまりは研究上の観点における重要事項である。他方で、フィールドワーク（を含む調査活動全般）を実施する場合には、それを受け入れる側の視点にも相応の注意を払う必要がある。

いかなる調査であれ、対象となる人およびフィールドには日々の現実があり日常が営まれているわけで、調査活動それ自体は外部から持ち込まれた異質な活動である。その調査を行なうということは、調査対象者の時間や労力を奪う行為であるという自覚がまずは不可欠である。そしてまた、調査者の意図にかかわらず、調査は対象者に対する特定のメッセージを発してしまうことは不可避であり、それまで息づいていた文化に変容をもたらしうるということへの相応の責任が問われてくる。

さらに、調査に絡む権力性の問題も生じてくる。それは社会的な立場や後々の利害など、明示的な力関係だけでなく、「社会的意義」の下に現場に無理をさせてしまうという構図も含まれてくる。当該調査の社会的意義が明確であり、同意せざるをえないものであるほど、調査対象者も調査協力の依頼を断ることは難しくなるが、そのことがさまざまな軋轢を生んでしまうことも生じうる。

こうした点を踏まえつつ、それでもやはり、そこに生成する文化を記述し社会に問うていくことが必要だという調査者なりの判断・覚悟の下に実施されるのが、フィールドワークという活動である。逆に、そういうことに無自覚なままに実施される調査は、たとえその知見が現場にとっても意義があるものだったとしても（評価軸自体が問われてくるが）、研究実践としての価値は低い。

とりわけ文化研究においては、「とにかく現場に出る」ということが推奨されがちな風潮もあるが、社会学や文化人類学などで鋭く問われ、議論が積み重ねられてきた方法論に学び、深めていくこともまた、問われている。

（南出吉祥）

(4) 地域史研究のすすめ

国や県単位ではなく、もう少し狭い範囲の地元の歴史を学び、研究することの効用を列挙してみよう。

①間口が狭くて細部にまで検討を加えやすい。広い領域では専門家の示す枠組みによって語らざるを得ないことが多い。知識量に圧倒的な差があるからだ。しかし、狭い範囲なら丁寧に具体的な資料を探ることが可能である。新しい知見を加えられる可能性が高い。

②体験者に聞き取りをする場合も、図書館や個人宅で資料を調べる場合も、交通費や宿泊費などの調査費用がかからない。経済的な制約が少ない分だけ取り組みやすい。

③土地勘において、あるいは方言のリスニング能力において、圧倒的な有利性がある。もし調査者自身が不得意でも、得意とする協力者を見つけやすい。

④調査結果に関心を持ってくれる人が周囲に多い。地元の人たちにすれば身近な話題である。

⑤地域での共働作業へ人を誘いやすい。聞き取りへの協力、資料提供など、歴史を探究する喜びを共有することができる。

⑥成果を直接地域づくりに活かすことができる。知識を案内板やマップなどの形で表現したり、史蹟や古道の整備、スタンプラリー実施などの活動に発展させたりすることが可能である。

さて、研究の成果はぜひ公表しよう。(1) そうしないと膨大な記憶は斎場の煙と消え、収集した資料は紙屑と化する。後に続く者たちが利用できるようにすることが望まれる。論文にするのがきびしければ、資料目録や年表等々、簡便な方法を取るのもいい。誰かに聞き取ってもらって録音やメモを残すという手もある。

論文にする場合に大切なのは、読み手に正確に伝えることである。書き手の考えなのか引用なのかを明示することが必要だ。引用が短ければ「 」で囲み、長ければ字下げや前後を一行あけるなど、視覚的に引用箇所を示す等の基本ルールを守ろう。元の資料の表記を勝手に変更してはならず、〔ママ〕を使ったり、「凡例」を付けたりして工夫してほしい。

出典の明示も重要である。出典が曖昧ならばその旨を記すこと。資料の誤読が起こっても、後に疑問を持った者が元の資料で再確認できれば、いつか訂正できる。

誰もが他の人にない知識や視点を持っているものだ。互いの存在を尊重し合って、協力して研究成果を着実に蓄積していこう。そのためには、忌憚のない討論が可能な場を地域で作り出してほしい。

最後に、狭い地域の歴史を扱う場合ならではの問題を三点挙げる。

一つ目は「井の中の蛙」である。細部を夢中で追っていると周囲が見えにくくなる。この事例は我が地域だけではないかとか、発見者は自分ではないかの思い込みが生じる。逆に当たり前だと思っていたことが、全国的に見れば珍しい事例であるという場合もある。

二つ目は力ある者への遠慮、忖度である。地域の範囲が狭くなるほど地域の有力者や地域の研究団体の年長者等々に対して物が言いにくくなる。地縁・血縁のしがらみは研究テーマの設定や公表にも影響を及ぼす。

三つ目は観光事業との関係である。現状は、戦前の国定教科書的な「郷土史」を踏襲したような名所旧蹟の選定や説明が多い。研究成果を活用して説明を見直し、不都合な歴史も背負おうという覚悟を決めることが大切だろう。

ここに挙げた問題は残念ながら一朝一夕に解決しない。研究への姿勢を問いつつ、視野を広くするためには、地域史以外の研究成果にも目を配り、できることならば地域外の研究者とも交流したいものである。地域の個々の歴史事象こそが歴史の土台であり、史実を積み重ねることによって国単位の記述も変わるはずである。気概をもって一歩ずつ進んでいこう。

（三原容子）

（5） ドイツにおける社会文化

「社会文化（Soziokultur）」は市民社会の登場とともに存在していたと言える。それが文化政策や大きな運動として登場するのは一九六〇年代後半以降である。この「社会文化」概念の源流は二つある［Sievers et al. 1992］。一つは、七〇年代初めの、とくに欧州評議会の文化協力審議会によって行われたヨーロッパの文化政策に関する議論である。そこでは「社会文化」概念が中心的なキーワードとして、文化的民主主義を実現するための広範な教育・文化政策の改革論議の文脈で用いられていた。もう一つの大きな流れは西ドイツで起こった。一九六〇年代後半から七〇年代にかけて、西ドイツでは党派から独立したさまざまな新しい社会運動（学生運動、女性運動、環境運動、文化運動、同性愛運動など）が湧き起ってきた。そうした運動の成果をもとに、新しい社会モデルを実現しようとして、さまざまな団体や自由芸術家が工場跡地や使っていない駅、空の借家などを占拠して、新たな生活と文化の結合の在り方を模索した。それは、戦後の非政治的な高級文化や専門的な芸術家による文化に対する「オールタナティブの文化」「対抗文化」という性格を持っていた。この文化運動に影響を及ぼしたのがH・マルクーゼの「文化の現状肯定的性格」批判である。

こうした背景の中で、「社会文化」概念が、Glaser［1972］、Glaser et al.［1974］によって持ち込まれた。彼らは、戦後の非政治的な文化や高級文化と断絶して、文化を通じて社会を民主化しようとした。それは、文化を全体として捉え、文化を生活と社会とに結びつけること、「万人のための文化」だけではなく「万人による文化」によって芸術・文化を多様化すること、このことによって文化空間と公共空間の分離、民衆と芸術の分離などを克服することなどを意味していた［Knoblich 2001］。この点でこれは欧州評議会での文化的民主主義ともむすびついていた。

では、かつての東ドイツに社会文化と言えるものがあったのか。これには論争がある。しかし、当時も東西ドイツ統合期にも社会文化的実践はあった。「社会主義人格の形成」の目的のためであれ「文化の家」や「若者クラブ」があったし、七〇年代にはホモセクシュアルグループが当局の不許可のもとで結成され、八〇年代には教会内外にサークルがつくられ、ホモセクシュアルの権利闘争が展開されていた。

社会文化センター連邦協会が設立されるのは一九七九年である。今年社会文化センターは四〇周年を迎えるが、ドイツ社会のなかにしっかりと根を張ったものとして文化政策のなかに位置づけられている。二〇一八年二月のキリスト教民主同盟／バイエルン・キリスト教社会同盟と社会民主党との連立協定「ヨーロッパに向けた新たな旅立ち」において、「社会文化センターは現場において統合と参加にとって重要な役割を果たしており、強化されるべきである」と記されているほどである。実際、二〇一八年に実施された統計調査によると、社会文化センターと関連市民団体は前年より増えドイツ全体で五六六か所となり、一年間に一二五〇万人、一日平均三万五〇〇〇人以上が社会文化センターの催し物に参加している。また、今日取り組んでいる活動も多岐にわたっている。(1)

「社会文化」は「社会福祉文化 Sozialkultur」や「社会福祉援助活動 Sozialarbeit」と相互に影響し合っているとしても、同じではない。「社会文化」は「ある社会ないしは社会的集団の一切の文化的・社会的・政治的な関心・要求の総和」であるからである。この四〇年間の取り組みの中で、「社会文化」は今日以下のように集約されている。①社会文化は、文化と社会を緊密に関連づけようとする。②社会文化は、広範な利用者層が自由にアクセスできることを目指した文化実践である。③社会文化は、各人が文化をもちこの文化を能動的に共同で作ることができることから出発する。④社会文化は芸術に限られず、民主主義社会の形成と政治的な影響力行使への媒体である。⑤社会文化は「社会福祉文化」と相互に影響を及ぼし合うが、それには還元されない。⑥社会文化は原則上多様である［Bundesvereinigung Soziokultureller Zentren e.V.］。

もっとも、課題は山積している。そのいくつかを挙げれば、新自由主義的企業文化の浸透の中で、それに対抗する文化と文化実践の構築が求められている。また二〇二〇年以降、大都市部では移民人口がドイツ出自の人口と同じになるか超えると予測されるなかで、ますます異文化理解の能力と文化的多様性にもとづく社会文化が求められている。

（池谷壽夫）

（6）韓国の社会文化——社会を変える市民の力

ともに歩めば道ができ、ともに夢を見れば現実になる——韓国の市民運動の活動家が、よく語る言葉だ。そして、現実に、韓国の市民はゆるやかに繋がりながら、社会を変えてきた。市民のパワーは、二〇一六年一〇月以降、朴槿恵政権の退陣を求めるデモが、毎週末計二三回実施され、のべで六〇〇万人の市民が参加したことにも表れている。「ろうそく文化祭」とも呼ばれるデモには、小さな子どもから大人まで、世代を越えた市民が参加し、そのプログラムも、スピーチあり、歌ありと、盛りだくさんの内容で構成され、集まった人々の心が一つとなる時間になった。デモの会場はいつも、民主主義を取り戻し、平等で公正な社会を自分たちでつくっていこうという市民の気概に溢れていた。

朝鮮半島の歴史は波乱に満ちている。日本による植民地統治、朝鮮戦争、済州島四・三事件、光州民衆抗争など、歴史のなかで民衆は抑圧され続け、多くの人が犠牲になった。しかし、そういった過酷な状況のなかでも、民衆はずっと闘い続けてきた。一九八七年の六月民主抗争では、のべ約五〇〇万人の人がデモを二〇日間に渡って継続し、ついには「大統領直接選挙制」を勝ち取った。その様子は一九八七年の映画「1987ある闘いの真実」で描かれ、多くの観客から熱い支持を受けた。当時、民主化を熱望した民衆の大きなエネルギーは、社会変革を志す多くの市民団体を誕生させていった。六月民主抗争の直後には男女平等、女性の地位向上の実現を目指す「韓国女性民友会」、一九八九年には「経済正義実践市民連合」、一九九一年には「環境連合」、一九九四年には「参与連帯」など、韓国を代表する市民団体が続々と設立されていった。韓国の市民運動は、共通のイッシューが生じるとすばやく連帯する。二〇〇〇年の議員不適格候補を落選させる運動、「落薦・落選運動」では、朴元淳事務処長（当時）が檄を飛ばし、数日にして四〇〇以上の団体の合意を取りつけたという。二〇〇一年には、市民団体のネットワークである「市民社会団体連帯会議」が設立され、現在ではオンラインを有効に活用し、即座に連帯し、共同行動が行えるようになっている。韓国市民運動の真骨頂だ。

そして、住民主導の公民連携という新たな形も登場した、二〇一一年の秋、参与連帯、美しい財団、希望製作所などの市民団体を設立した人権派弁護士、朴元淳氏がソウル市長に当選してから、ソウル市が進める、「マウル共同体事業」（マウルは韓国語で村、まちの意味）の発展がめざましい。「無縁社会」へと変貌していく現代社会の問題を、大都市のなかで「地縁、血縁を越えたコミュニティ」をつくり、「マウル共同体」という受け皿を設けることで解決していこうという趣旨がその根底にある。「住民の、住民による住民のための事業」を進めるために、ソウル市は中間支援組織をつくり、その運営を、ソウルのなかで住民自治が進んだまちとして有名な「ソンミサンマウル」の住民を中心とした民間団体に委託した。一九九四年から始まった「ソンミサンマウル」は、「ないものはつくる」という発想で、共同保育所、代案学校、生協など、協同組合方式でまちの事業をつくってきた。その経験は、まちづくりのモデルとなり、ソウルではあちこちに、住民が主役のまちづくりが芽吹いていった。地域の住民に寄り添った政策は、法人格がなくても住民三人集まれば活動を支援するという「融通のきく」政策として実践され、「マウル共同体事業」は、それまでに「活動」をしたことのなかった一般市民に、地域のなかで「居場所と出番」をつくっていった。

「市民運動」が韓国社会の大きな変革を担ったとするならば、「マウル共同体事業」は、生活圏における課題を解決しながら他者との関係を紡ぎ出す「暮らしのなかの民主主義」を推進していく営みだ。そしてこれらのソウル型マウル共同体政策は文在寅政権で引き継がれ、全国に広がっている。

民主化運動の原動力となった八六世代(1)は、一九八六年二月、フィリピンで民衆がマルコス政権を倒したことから大きな勇気を得たという。海外の経験を貪欲に学びながら、市民たちは社会を変えてきた。が、少子高齢化、貧困、格差など、韓国は依然として多くの社会課題を抱えている。課題は山積みでも、「力を合わせれば必ず乗り越えていける」という自信と信念のもと、韓国の人びとは社会を変えていくことを手放さない。同じアジアの一員としても隣の国の人々から学ぶことは多い。

（桔川純子）

(7) アメリカの市民運動の現在

二〇一七年一月のトランプ大統領の就任以降、アメリカ社会の「分断」は広がった、と言われている。この分断は、新自由主義的政策による富裕層と貧困層、白人と他のエスニック・グループ、男性と女性、異性愛者と同性愛者等の間のものである。他方で、アメリカでは多文化が共生していると言われる。私が二〇一八年度後半に滞在したカリフォルニア大学バークレー校で見聞したものは、このアメリカの持つ多様性であった。ここではそこで見聞きしたいくつかの例を紹介したい。

二〇一八年秋、スポーツメーカー・ナイキは、コリン・ケパーニックというアメリカンフットボール選手の顔写真を「すべてを犠牲にすることがあっても、何かを信じること」という宣伝文句とともに広告で用いた。彼は、数年前、試合前の国歌斉唱の際に、黒人に対するレイシズムに反対して膝をついて抗議し、契約を解消されたが、その後抗議運動の中心となった。ナイキの広告は全米を二分する論争を起こし、ある者はナイキのシューズを燃やす映像をSNSに掲載した。ケパーニックは現在も、SNSなどを用いて抗議行動を続けている。彼の姿勢は若者の間で静かな共感を呼び、ナイキに対する支持が広がっている [Draper et al. 2018]。バークレーでもティーチングアシスタントの院生が抗議運動を支持して、ナイキのバックを教壇の机に置くのを見ることができた。

一〇月アメリカ連邦最高裁判事に、ブレッド・カバノー氏が候補となった。カバノー氏が判事となれば保守派が有利な最高裁が実現するとあって、氏の四〇年前の性的暴行疑惑が浮上し、氏の判事就任をめぐって全米を二分する議論となった。当時の新聞記事を見てみても、賛否両論の多様な見解が記されている [Zernike 2018]。時折しもアメリカでは、#MeToo運動という、セクシュアル・ハラスメントを公的場で告発する運動が展開しており、カバノー氏批判はそれとも連携した。バークレー校では、一〇月四日に「正義なくして座席なし!カバノーを止めろ!」というデモが組織され、学生が学内からカバノー氏縁故の学生寮まで行進した。カバノー氏は結局上院の指名を受けて一一月六日に判事に就任したが、アメリカ中間選挙に大きな影響を与えただろう。

一一月六日に投票されたアメリカ中間選挙の結果は、共和党が予想どおり上院の過半数を維持したものの、下院では民主党が過半数を奪還し、両院で「ねじれ」が生じた。二〇一九年新年の現在でも、トランプ氏の国境「壁」建設予算に対して民主党が反対して政府封鎖の状態となったことに見られるように、政権の運営は困難なものとなっている。この選挙結果では新しい動向の兆しが見られた。下院では、過去最多となる一〇一人の女性議員が誕生した。ミシガン州、カンザス州で、二人の初のイスラム教徒の女性議員が誕生した。また、ニューメキシコ州とカンザス州では、初の先住民族の女性議員二人が誕生した。コロラド州知事となったポリス氏は、同性愛者であることを公表した初の知事であった。この中間選挙では、都市部の女性票が伸び、ジェンダー・人種・エスニシティ・宗教のマイノリティが躍進し、「多様性」を目に見えるものとする結果をもたらしたと言えよう。

アメリカの世論を二分する問題に、銃規制がある。二〇一八年二月一四日フロリダ州パークランドのマージュリー・ストーンマン・ダグラス（ＭＳＤ）高校で元生徒による銃乱射事件が起こり生徒一四人、教職員三人計一七人が死亡した。生き残った生徒たちの一部が「ネヴァー・アゲイン・ＭＳＤ」という銃規制運動を起こし、それは全米に広がっていき三月一四日にはワシントンと全米で「マーチ・フォァ・アワー・ライヴス」という集会を行った。それは、ワシントンで八〇万人を集め、全米四五〇か所の参加者は一二〇万人となった。[1]この問題は規制反対派が米国憲法修正第二条「国民が武器を保持する権利」を根拠にしているように、アメリカの建国以来の国是に関わっている。それが、高校生発の運動により変化を受けることがあれば、アメリカは新しい歴史を開くことになるだろう。

以上、常に、多数派を占める新自由主義や権威主義に立脚した文化と、オルタナティヴを求め多様性を是認する文化との二つが争っているのを見ることができる。この両者が、マスコミから、ＳＮＳ、草の根の市民まで巻き込みながら日々の暮らしのコミュニケーションの中で闘争している。それが現在のアメリカの社会文化を形づくっている。社会文化は人びとの生活の中にあるのであり、真空の思考の中にあるのではない。

（日暮雅夫）

コラム① 社会的連帯経済

社会的連帯経済という言葉とその実践が、全世界的な広がりを見せている。社会的連帯経済の定義は多様であるが、具体的な事例として、各種協同組合、NPO、共済組合、財団法人、信用組合、信用金庫、社会的企業、フェアトレード、マイクロクレジット、補完通貨、オープンソース、イスラム銀行、回復企業などを挙げることができる。これらの経済活動に共通するのは、資本主義の論理、すなわち株主への利益配当を最大化することを目的としない非営利的な経済活動だということである。その他にも、民主主義、社会や環境への配慮、市民連帯、公正性、社会正義など、市民社会の側から形作られる運動として確立されつつある。草の根的な運動からスタートする社会的連帯経済の活動は、フランスやドイツ、イギリスといった先発資本主義国だけではなく、ブラジル、アルゼンチン、メキシコなどのラテン系諸国にも及んでいる。アジアでは、日本は寡少ではあるものの、韓国を中心に、台湾、香港、フィリピンなどでも徐々に注目されてきている。

社会的連帯経済は、フランス的な概念である。フランス語では、l'Économie sociale et solidaire（l'ESS）と表記され、これは、「社会的経済（l'Économie sociale）」と「連帯経済（l'Économie solidaire）」を合体させた言葉である。社会的経済は一九世紀に、連帯経済は二〇世紀末に登場し、その活動目的の類似性から互いに合流しながら、二〇一四年七月に「社会的連帯経済に関する法」によってフランス史上初のESSの定義がなされた。

一九世紀に登場した社会的経済は、主に非営利組織、協同組合、共済組合、信用基金から構成される。資本主義が形成されるのと同時期に、任意加入、民主主義的機能、非営利目的という三つの要素を伝統的に掲げてきた長い歴史を持つ市民連帯組織である。法体系の中に組み込まれた社会的経済は、フランス社会ですでに大きな勢力を持っている。協同組合の思想と実践は、二〇一六年にユネスコ「無形文化遺産」に登録された。

次に二〇世紀末に登場した連帯経済は、一九七〇年代の経済危機と一九八〇年代から本格化するグローバリゼーションとネオリベラリズムの台頭によって生み出される経済的、文化的不平等に対抗するオルタナティブな経済活動として誕生した。社会の中に定着した社会的経済に比べて、連帯経済は人びとの生活文化や労働文化をしばしばラディカルに変革するような性質も持っている。

こうした世界的な規模で根を下ろしつつある社会的連帯経済を、「社会文化」という視角から捉えることによって、現代システムに対抗しうる今日的な形態での市民運動のあり方を発見することができるのではないだろうか。

（小西洋平）

コラム② ネオリベラリズム的統治技法

一九七〇年代は、世界史的観点から見ると、国民連帯モデルを基礎にした介入的自由主義（ニューリベラリズム）からネオリベラリズムへと統治様式が大転換する契機となった時期であった。この新たな統治様式は、イギリスやアメリカに先駆けてフランス社会で体現され、国際通貨の変動為替相場制への移行や石油危機などの影響を受けつつ、V・ジスカール・デスタン政権[1]によって実行された。特に、ジスカール政権下でケインズ主義に規定されていたJ・シラクが首相を辞任し、経済学者でネオリベラリストのR・バール[2]が首相兼財務大臣に任命された一九七六年は、フランスの統治様式の「断絶点」を表している［Foucault 2004：邦訳 一八〇］。バールは「インフレに対する闘争」のための緊縮政策を実施するとともに、構造改革の一環として、競争市場の強化・拡大のために〈環境〉を整備する競争政策を実行した[3]。

この大転換を理論的に捉えようとした重要な研究者の一人として、M・フーコーを取りあげることができる。彼はこの転換期を「資本主義の危機」のみならず、一九六八年五月の社会・文化的闘争に端を発する「統治性の危機[4]」としても理解し、ネオリベラリズム的統治がこの危機に対する右側からの応答であると考えた。彼は一九七九年講義のなかで、当時経験されつつあったネオリベラリズム的統治技法に対する分析の骨組みを、不可分な二つの主要な極をもって提示した[5]。一つの極は社会政策の再定義である。新たな社会政策は、「競争構造」が充分に作用しうるように市場の機能様式の諸条件を整備し、それを「社会」領域にまで拡張することによって、社会の包括的な調整を目的とする。市場の諸条件に強力かつ恒常的に働きかけるという間接的な介入方式を採用するところにこの政策の最大の特徴があり、フーコーはこれを「環境型の介入」と定義している。もう一つの極はホモ・エコノミクスの再定義である。新たな経済的人間は「能力資本」としての一企業と同一視され、環境型の介入によって、〈自由〉が保証されつつも、自己の能力資本を最大化するよう誘導される。したがってこの人間は、リスクに対して個人を守ることを社会全体に要求せず、リスクを自分自身で引き受けうるような主体モデルに結び付く傾向にある。また知の領域では、能力資本の最大化という観点から、両親が子供に割く時間や個人が受け取った「遺伝的装備」の希少性を考慮した結婚戦略などの分析がなされることになる。

このように「統治性」という視角は、理論的水準においても実践的水準においても、「主体化」（従属主体化と抵抗主体の形成）の問題を考える上で［藤田 二〇一六］、欠くことのできない中心的な争点を構成している。

（藤田博文）

コラム③　社会文化学会

社会文化学会は、一九九〇年代前半に関西を中心に発足した社会文化研究グループの活動を基盤として、学会設立準備に向け研究会を積み重ねて、一九九八年一一月に結成された。昨年度で二〇周年を迎えている。設立の趣旨については、社会文化学会のホームページ（https://japansocio-culture.com/）をぜひ見ていただきたい。

本学会の特徴は、個別学問分野をこえて社会学、哲学、教育学、文化政策学、文学、心理学、地理学、経営学、経済学、法学等、多様な分野の研究者と実践家、市民が集っていること、そして「社会文化」をキーワードに誰でもが自由に意見交換できる新しい「学術研究」の場を目指していること、にある。これは他の学会には見られない本学会独自の特徴である。

本学会は毎年、全国大会、夏季研究集会を開催するとともに、学会誌として『社会文化研究』を年一回発行し、会員の交流の場として「社会文化通信」を年三回発行している。また地域別に東部、中部、西部の三つの部会が組織され、全国大会を輪番で担当するとともに、部会独自の研究活動を企画・実施している。

本学会の研究活動を知ってもらうために、この間の全国大会シンポジウムのテーマを示しておこう。

第一回「日本における社会文化―実態と可能性―」、第二回「日本社会文化の萌芽を探る―国家主義と市場主義を超えて―」、第三回「市場文化の限界と地域の再生―NPO. CHARITY. LETSの可能性―」、第四回「行為としての社会文化と『市民社会』の方向性」、第五回「市民自治としての社会文化―分権と参加の展望―」、第六回「反ナショナリズムとしての社会文化―多文化共生をさぐる―」、第七回「女性労働と性差別―社会文化としてのフェミニズム―」、第八回「平和・民主主義・市民政治―市民的共存としての社会文化―」、第九回「働きすぎ・格差・対抗運動」、第一〇回「歴史・文化の市民的継承と社会文化―熊野・伊勢をフィールドに―」、第一一回「近未来社会をデザインする―社会文化の構想力」、第一二回「生存権と社会文化」、第一三回「社会権としての社会文化」、第一四回「若者と社会文化」、第一五回「都市への文化権―復興に向けてのデザイン―」、第一六回「協同の社会システム形成の方法と課題」、第一七回「市民運動の記録と記憶―時代をアーカイブする―」、第一八回「『成長至上主義』の終焉―社会文化としての地域アイデンティティ―」、第一九回「誰もが受け入れられる社会に向けて―『承認』をめぐる諸問題」、第二〇回「抵抗の文化は可能か―社会運動の再考」、第二一回「若者と社会的連帯―その困難と可能性―」。

（池谷壽夫）

注

第一章（2）

（1）厚生労働省［二〇一五］『国民生活基礎調査』。

（2）厚生労働省［二〇一七］『平成二十八年度 全国ひとり親世帯等調査』。

（3）(2)と同じ。

（4）厚生労働省『平成二十八年度 国民生活基礎調査』。

（5）厚生労働省「平成三〇年 国民生活基礎調査の概況」https://www.mhlw.go.jp/toukei/saikin/hw/k-tyosa/k-tyosa18/index.html。

（6）厚生労働省年金局『平成二十九年度 厚生年金保険・国民年金授業の概況』。

（7）一九九四年迄、女性の年率は男性より低く算定されていた。

（8）年金制度基礎調査『遺族年金受給者実態調査』により、子、孫受給者を除く〇・四六％抽出調査の集計客体の特性にもとづき池谷江理子推計。

（9）藤森［二〇一八：一一］等参照。

第一章（3）

（1）社会モデルについては、言うまでもなく、一枚岩な理解があるという訳ではない。詳しくは、川越ほか編［二〇一三］を参照。

第一章（4）

（1）不登校の子どもに対する公的な場としては適応指導教室があり、民間にはフリースクールがある。中学の未修学者や日本語を学ぶ外国人の学習の場として、夜間中学がある。「チーム学校」がスローガンになっているこんにち、スクールカウンセラーやスクールソーシャルワーカーが、児童生徒と学校教員とをつなぐ重要な役割を担う。さらに学校外において、民間のＮＰＯが学習支援を通じた居場所づくりを行っており、教育と福祉の架橋が実践されている。また、営利性を帯びてはいるが、教育制度が対応しきれない学習面でのさまざまな要求に対して、学習塾や習い事が対応している。このように制度の内外を問わず、子どものより良き生や学習をサポートする営みは、多様な場で実際に行われているのである。

第二章（1）

（1）一方で、国や都道府県の出先機関としての事務役割のある基礎自治体では、そもそもこの「自治体間競争」の参画において独自の提案作成などが困難であるという専門家の指摘もあり、事実民間の調査やコンサルティング業を行う企業へ委託などを行い交付金獲得に参画する可能性なども指摘されていた［坪松 二〇一六］。本来「自主性」を強調した提案型の「自治体間競争」であったが、提案力が未熟な自治体などは、かえって無個性な画一的ともいえる事業提案を行うなど、逆説的な事態も専門家により指摘されたが、国策としての地方創生により、今まで以上に基礎自治体が積極的に「地域づくり活動」に関与する端緒となった。

第二章（5）

（1）「検討委員会」の活動及びその答申と二〇一九年二月に

まとまった『県立高校魅力化ビジョン』は、島根県教育庁学校企画課の公式サイトに議事資料がまとまっている。(https://www.pref.shimane.lg.jp/gakkokikaku/、二〇一九年八月七日閲覧)。

（2）藤岡［二〇一七：二八-三二］参照。なお、藤岡は、島根県で「高校魅力化プロジェクト」に関わり、現在も公営塾のネットワークや各地のプロジェクトにかかわっている。

第二章（6）

（1）たとえば、［日本・ドイツ美術館教育シンポジウムと行動 一九九二 報告書編集委員会（一九九四）『街から美術館へ 美術館から街へ ―［日本・ドイツ美術館教育シンポジウムと行動 一九九二 報告集』（日本文教出版）などを参照されたい。

第二章③

（1）Sustainable Development Goals の略。

（2）詳しくは、毛利［二〇一七］を見ていただきたい。

第二章⑤

（1）無形文化遺産が「生きた」遺産であるゆえんは、無形文化遺産が特定の集団（コミュニティ）によって保護され継承されていくからである。そうしたことから、無形文化遺産として認められるための要件の一つがコミュニティの存在なのである。

（2）無形文化遺産の多様性を知るうえで、国末憲人（『ユネスコ「無形文化遺産」』平凡社、二〇一二年）が興味深い事例を紹介している。

（3）今日さまざまな場で繰り広げられ始めた社会文化活動・運動の担い手を論じる際に、アソシエーションを可能にする人間関係の形成について考察する必要がある。その際にこの「共同性」の性質に注目する必要があろう。

第四章（3）

（1）すでに初期コミックマーケット（一九七五-八一）の出展サークル数は三二から五〇〇サークルへ、また一般参加者数は七百人から一万人へと増加し、晴海（第Ⅰ期：一九八一-八六）では、サークル数は六百から四千サークルへ急増し、一般参加者も九千人から三万五〇〇〇人へ拡大した。またＴＲＣ／晴海Ⅱ期／幕張（第Ⅱ期：一九八六-九〇）では、サークル数は四四〇〇から一万三〇〇〇サークルへ、一般参加者は四万人から二五万人へと、最初期と比較をすると、サークル数は四〇六倍、一般参加者は三五七倍に達した。

第四章（6）

（1）新聞や雑誌については、メディアの中の性差別を考える会［一九九三］や田中・諸橋編［一九九六］などがある。さらに、女性のことば遣いや女性を表現する語彙などにみられる差別的表現・扱いなどについては、壽岳［二〇〇六］やことばと女を考える会［一九九〇］などがある。

第四章②

（1）以下に補足する。①「有志」：（機関誌／同人誌に見られる）掲載審査、掲載料、投稿ノルマ等は存在しない。固定的な組織を前提としない。②「非営利」：できる限り自力で、身近な資源を活用して、低予算で制作し、無償で譲渡／寄付、交換、もしくは極力安価で販売する。なお、ブランドやプロのアーティストが商品／作品のプロモーションのために華美な印刷物を大量に製作し、それをジンと称して頒布する行為は、批判の対象とされる。③「少部数」：一般的に一度に制作されるのは二〇〜三〇部ほどである。

（2）日本の例でいえば、戦後のサークル文化運動のなかで制作された各種「サークル誌」や、ウーマンリブ運動のなかで制作（・複製）され流通したパンフレットなどが、現在のジンの「先祖」に位置づく。

（3）一例として、アナーカ・フェミニズム（Anarcha-Feminism）の運動におけるジンの活用が挙げられる［村上二〇一九］。

（4）ディスアビリティ・ジン、メンタルヘルス・ジン、クィア・ジン、レズビアン・ジンといったジャンルも確立しており、当事者たちの表現・交流手段となっている。

第五章（2）

（1）柳宗悦『民藝四十年』岩波文庫、「琉球の富」、二一五〜二一六頁。

第五章（4）

（1）詳しくは以下参照。狩野愛「アートアクティヴィズムの可能性――ブライアン・ホームズの理論を中心に――」、『音楽文化学論集　四号』、東京芸術大学音楽学部紀要、一一七-一二六頁。

（2）SEAは、一般的に参加、協働、コミュニティ、プロセス、対話、学際性を重視し、社会的変革を目的にアーティストやアート・コレクティヴと呼ばれるグループが取り組む社会的実践という点で一致している。Thompson, Nato ed. Living as Form, Socially engaged art from 1991-2011. Massachusetts: MIT Press, 2012.

（3）狩野愛「トランスローカルなDIYアート・コレクティブ―木版画をメディアにしたA3BCの事例研究―」『武蔵野美術大学研究紀要』、武蔵野美術大学、四七号、三一-四二頁、二〇一六年三月。北原恵『アート・アクティヴィズム』、東京：インパクト出版会、一九九九年。毛利嘉孝、『文化＝政治』、東京：月曜社、二〇〇三年。

第五章①

（1）Honigfabrik（運営団体はKommunikationszentrum Wilhelmsburg e.V.）. 二〇〇六年六月現地調査。

（2）Feuerwache Magdeburg（運営団体はPodium Aller kleinen Künste e.V.）. 二〇〇六年六月現地調査。

（3）西尾市は、二〇一〇年に一市三町が合併し一七万都市になった。西尾市は抹茶の生産量が全国有数。吉良町には赤穂浪士討ち入り事件で討たれた吉良上野介義央公の菩提寺・華蔵寺がある。一色町は全国のうなぎの生産量の二〇％を占める。幡豆町は三河湾ブランドのアサリで有名。

（4）「虹色ロータス」というボランティア団体が運営。

（5）仏前にて雅楽奉納演奏をする涅槃会「矢田のおかげん」で有名。雅楽楽器の篳篥・龍笛・笙・琵琶・琴などの管弦から「おかげん」に派生したと伝わる。

（6）「きーず」の名称は、旧幡豆郡三町の吉良の「き」、一色の「い」、幡豆の「ず」をとったもの。英語表記は「KEY's house」（https://keys-house.com/）。二〇一七年一一月から一般社団法人きーず企画が運営し、訪れた方が、人生でやりたいことを主体的にできる場を提供している。

第六章（2）

（1）平川千宏は、こうした記録を「市民活動資料」と呼び、「市民活動のなかで生み出された資料」、「市民活動のなかで集められた資料」、「市民活動に役立つ資料」と規定している。本論の言及もほぼそれにあてはまる［平川 二〇一四］。

（2）記録を媒介にした運動経験の共有や継承という問題については、山嵜［二〇一六］を参照されたい。

（3）運動の記録の保存や公開の問題については、「【特集】市民活動・市民運動と市民活動資料、市民活動資料センター」（『大原社会問題研究所雑誌』No.666、二〇一四年）や平野［二〇一六］が詳しい事例を紹介している。

第六章①

（1）総務省自治行政局行政経営支援室『公文書管理条例等の制定状況　調査結果（平成三〇年三月）』が発表した同調査結果によれば、前年現在実施し一〇月一日現在の返答として「公文書館の設置」について「設置済み」と返答した団体が、四七都道府県のうち三三団体、二〇指定都市で八団体、一七二一市町村で九七団体という結果であった（http://www.soumu.go.jp/main_content/000542521.pdf、二〇一九年八月七日閲覧）。

（2）たとえば、成田国際空港からほど近い千葉県山武郡芝山町にある、「空と大地の歴史館」は、成田空港建設計画に発端となり後に地域の農民や首都圏の学生などによって反対闘争が行われたいわゆる「成田闘争」の資料の収集や展示を行っているが、展示では闘争の前史として周辺の農民が戦後の開拓などの困難を抱えてきたのか、いわばその地になぜ農民がこだわって生きてきたのかという点にも踏み込んで展示しており、周辺地域の「現代の近代史」の一端を垣間見せてくれる貴重なアーカイブである。またこの施設が、設立のさまざまな経緯により成田空港の所管として建てられた点も興味深い（「空と大地の歴史館」公式サイト（https://www.rekishidensho.jp/、二〇一九年八月七日閲覧）。

（3）徳島市国府町にある、吉野川沿いの「お堰の家」は、かつて吉野川可動堰の建設案がきかっけとなり第十堰の周辺で可動堰について市民で検討することを発端として後に住民投票運動として展開した活動の拠点として建てられたものである。この建物を現在管理している「川塾」は「NPO法人 吉野川みんなの会」の環境教育部門として、二〇〇二年より「第十堰水辺の教室」をはじめとする環境教育プログラムやキャンプ等を企画運営し、二〇一〇年「みんなの会」の解散に伴い名称を「川塾」と改め、主に近隣の吉野川をフィールドとした環境教育を行う組織である。この「お堰の家」の二階には、住民投票運動に関連する一連の資料が保管されている。住民投票運動の展開に関しては、徳島大学総合科学部社会調査室［二〇〇六］なども参照。

第六章②

（1）阿波根昌鴻については阿波根［一九七三：一九八二：一九九二］を参照のこと。

第六章③

（1）本コラムの内容について、詳しくは、松井［二〇一一］の第二章をご参照いただきたい。

第七章（4）

（1）自費出版には相当の費用が必要だ。コピーを綴じた冊子なら安く済みそうだ。Webサイトが利用できるならば公開経費は不要となる上に世界中の人に見てもらえる。公表手段としては研究団体の機関誌への投稿がもっとも確実かもしれない。また刊行した本や雑誌は私蔵したり知人のみに配付せず、広く公開するため、最低でも地元の図書館に寄贈してほしい。OPAC（蔵書目録のオンライン検索システム）に登録されれば、どこかの誰かが存在に気づいてくれるだろう。

第七章（5）

（1）①子ども・青少年援助活動（共同保育所、職業準備・職業研修など）、②街づくり（街新聞、街フェスト、都市開発政策づくり、市民団体・学校との協働など）、③プログラム・催し物（演劇、政治寄席、音楽、展覧会、朗読、映画・ディスコ、ダンス）、④高齢者援助活動（創作コース、健康予防コース、社会扶助、貸本など）、⑤男女平等・女性支援、⑥異文化・トランス文化・多文化援助活動、⑦エコロジー・環境保護、⑧教育・政治的援助活動（セミナー、ワークショップ、教育休暇、討論会、語学コースなど）、⑨移民援助活動、⑩社会福祉援助活動・生活扶助（法律・健康の相談）など、である。

第七章（6）

（1）一九八〇年代に大学生で一九六〇年代生まれの民主化運動の世代を示す。三八六世代とも言われる。

第七章（7）

（1）堂本かおる「銃乱射事件をサバイバルした高校生エマ・ゴンザレス、全米が注目するスター活動家に」（https://wezz-com/archives/53080, 二〇一九年一月六日閲覧）。

第七章②

（1）ジスカールは、ドイツ・ネオリベラリズムの文脈から現れる「社会的市場経済」という思想に影響を受けている。

（2）彼はモンペルラン協会の会員であり、彼が大学の経済学者であった一九五五年に執筆した教科書『政治経済学』の初版にはドイツのネオリベラリズムであるオルド自由主義がすでに紹介されていた。

（3）これらの政策は「バール・プラン」と呼ばれ、権上によれば、今後の「世界全体をおおうことになる『大転換』のさきがけとなるものである」［権上 二〇一三：二七八］。

（4）この「統治性 gouvernementalité」という語は、一九七八年二月一日に行われたコレージュ・ド・フランスでの講義において初めて提出されたフーコーの造語である。

（5）コレージュ・ド・フランスにおけるこの一九七九年講義は、『生政治の誕生』として刊行されている。

あとがき

本書は、社会文化学会創立二〇周年の記念事業として刊行された。社会文化学会の運営委員を中心に「ハンドブック編集委員会」が結成され、編集方針について話し合いがなされ、ほぼ二年間をかけて完成した。掲載されている「項目」と「コラム」は、すべて社会文化学会の会員が執筆した。なお、章扉の紹介文は大関が作成した。編集の取りまとめにあたっては、大関が全体の責任者となり、山田康彦、山嵜雅子の両氏にさまざまな面でのサポートをお願いした。また運営委員会代表の池谷壽夫氏には適宜アドバイスをいただいた。とはいえ、本書がこうして出版の運びにいたったのは、多くの会員による協力があったからこそである。また出版事情が悪いなか、本学会の活動に理解を示し、快く出版を引き受けてくださった晃洋書房に心から感謝の意を表したい。

「はしがき」でも述べたように、本書を出版した目的は、多くの方々に「社会文化」という言葉を知ってもらい、日本社会の現状を捉え変えていくための有効な視角を提供することである。この目的がどれだけ達成できるのかはともかくとして、その第一歩を踏み出すことはできたに違いない。本書を手に取っていただいた多くの読者とともに、社会文化学会は、社会を〝つくる〟文化に貢献するために歩んでいきたい。

（大関雅弘）

Horkheimer, M. and Adorno, T W. (1947) Dialektik der Aufklärung: philosophische Fragmente, Amsterdam: Querido（徳永恂訳『啓蒙の弁証法』岩波書店、1990年）. ホルクハイマー、アドルノ.

International Council on Archives（2012）Multilingual Archival Terminology,「アーカイブズ（１）」(http://www.ciscra.org/mat/mat/term/3779, 2019年７月26日閲覧).

Knoblich, T. J.（2001）"Das Prinzip Soziokultur – Geschichite und Perspektive," *Aus Politik und Zeitgeschichte*, B 11/2001, S.7-14.

Marttila, T.（2014）*The Culture of Enterprise in Neoliberalism: Specters of Entrepreneurship*, Durham, N.C.: Duke University Press.

Matarasso, F.（1997）*Use or Ornament? The Social Impact of participation in the Arts*, Comedia.

Neill, A. S.（1937）*That Dreadful School*, London: Herbert Jenkins（霜田静志訳『恐るべき学校』黎明書房、1967年）.

Piepmeier, A.（2009）*Girl Zines: Making Media, Doing Feminism*, New York: New York University Press（野中モモ訳『ガール・ジン――「フェミニズムする」少女たちの参加型メディア――』太田出版、2011年）.

Ratner, C.（2019）*Neoliberal Psychology*, Springer.

Rheingold, H.（2002）*Smart Mobs: The Next Social Revolution*, New York: Basic Books（公文俊平・会津泉監訳『スマートモブズ――「群がる」モバイル族の挑戦――』NTT出版、2003年）.

Seligman, M. E. P.（2011）*Flourish: A Visionary New Understanding of Happiness and Well-being*, New York, NY: Simon and Schuster（宇野カオリ監訳『ポジティブ心理学の挑戦――"幸福"から"持続的幸福"へ――』ディスカヴァー）.

Sievers, N./B. Wagner（Hrg.）（1992）*Bestandsaufnahme Soziokultur, Beiträge – Analysen – Konzepte*, Verlag Kohlhammer.

Thompson, Nato ed.（2012）*Living as Form, Socially engaged art from 1991-2011*, Massachusetts: MIT Press.

Woods, M.（2011）*Rural: Key Ideas in Geography*, Abingdon: Routledge（高柳長直・中川秀一監訳『ルーラル――農村とは何か――』農林統計出版、2018年）.

Zernike, K.（2018）"On Kauvanaugh, a Changed America Debates an Explosive Charge," *The New York Times*, Sept.18.

〈website〉

Bundesvereinigung Soziokultureller Zentren e.V.（社会文化センター連邦協会）ホームページ（https://www.soziokultur.de/bsz/node/2745, 2019年８月６日閲覧）.

Digitales Deutsches Frauenarchiv ホームページ（https://www.digitales-deutsches-frauenarchiv.de/, 2019年７月26日閲覧）.

への挑戦――』岩波書店。

山嵜雅子（2016）「市民運動を記録する営み」『社会文化研究』18。

山田康彦（2022）『芸術教育がひらく可能性――「芸術による教育」思想のパースペクティブ――』晩成書房。

山根純佳（2010）『なぜ女性はケア労働をするのか』勁草書房。

吉田正岳（2010）「民衆的工藝の可能性」『批判的〈知〉の復権』（唯物論研究年誌15）、大月書店。

――――（2015）「柳宗悦の『民衆』像――建築論の視点から――」『大阪学院大学国際学論集』26（1・2）。

渡辺武達・山口功二・野原仁編（2011）『メディア用語基本事典』世界思想社。

〈欧文献〉

Bacia, J. und Wenzel, C. eds.（2013）Bewegung Bewahren: Freie Archive und die Geschichte von unten. Berlin: Archive der Jugendkulturen Verlag KG.

Best, S.（1989）"The commodification of reality and the reality of commodification: Jean_ Baudrillard and post-modernism," *Current Perspectives in Social Theory*, 5: 1-15.

Binkley, S.（2014）*Happiness As Enterprise: An Essay on Neoliberal Life*, State: University of New York Press.

Bourdieu, P.（1992）*Les règles de l'art: genèse et structure du champ littéraire*, Éditions du Seuil（石井洋二郎訳『芸術の規則』全２巻、藤原書店、1995-96年）.

Draper, K. and Belson, K.（2018）"Colin Kaepernick's Nike Campaign Keeps N.F.L. Anthem Kneeling in Spotlight," *The New York Times*, Sept.3.

Foucault, M.（2004）*Naissance de la biopolitique. Cours au Collège de France (1978-1979)*, éd. s, dir. F. Ewald et A. Fontana par M. Senellart, Paris: Seuil / Gallimard（慎改康之訳『生政治の誕生――コレージュ・ド・フランス講義1978-79年度――』筑摩書房、2008年）.

Fraser, N.（2014）"Behind Marx's Hidden Abode: For an Expanded Conception of Capitalism," *New Left Review*, 86.

Glaser, H.（1972）"Vom Unbehagen in der Kulturpolitik. Fragwürdigkeiten, Bedenklichkeiten, neue Perspektiven," *Aus Politik und Zeitegeschichte*, Bd.2/1972, B 52, S.3-22.

Glaser, H. und Stahl, K. H.（1974）*Die Wiedergewinnung des Ästhetishen. Perspektiven und Modelle einer neuen Soziokultur*, München: Juventa-Verl.

Hauben, M. and Hauben, R.（1997）*Netizens: on the history and impact of Usenet and the Internet*, Los Alamitos, Calif.: IEEE Computer Society Press（井上博樹・小林統訳『ネティズン――インターネット、ユースネットの歴史と社会的インパクト――』中央公論社、1997年）.

藤岡慎二（2017）「いま、なぜ《高校魅力化》なのか――教育は地域活性化と定住促進の要――」『季刊しま』62（3）。

藤田直哉編（2016）『地域アート　美学／制度／日本』堀之内出版。

藤田博文（2016）「1970 年代におけるフーコー権力論の転換――新自由主義的合理性における『真理の形成』――」『桃山学院大学社会学論集』49（2）。

藤森克彦（2018）「高齢単身女性と貧困」『学術の動向』23（5）。

文化庁×九州大学共同研究チーム編（2019）『はじめての“社会包摂×文化芸術”ハンドブック』（http://www.sal.design.kyushu-u.ac.jp/pdf/2018_handbook_Bunkacho_SAL.pdf, 2019 年 8 月 6 日閲覧）。

細谷修平編（2012）『メディアと活性』インパクト出版会。

牧野カツコ・渡辺秀樹・舩橋恵子・中野洋恵編（2010）『国際比較にみる世界の家族と子育て』ミネルヴァ書房。

松井克浩（2011）『震災・復興の社会学――二つの「中越」から「東日本」へ――』リベルタ出版。

松下圭一・森啓編（1981）『文化行政 行政の自己革新』学陽書房。

松永伸太朗（2017）『アニメーターの社会学　職業規範と労働問題』三重大学出版会。

丸山尚（1985）『ミニコミの同時代史』平凡社。

見田宗介（2018）『現代社会はどこに向かうか』岩波書店。

道場親信・丸山尚（2013）「［証言と資料］日本ミニコミセンターから住民図書館まで――丸山尚氏に聞くミニコミ・ジャーナリズムの同時代史 1961-2001――」『和光大学現代人間学紀要』6。

三宅正伸（2012）「下からの産学連携・市民的公共性の発露」、京都社会文化センター出版局編『京都自由大学のひとびと』京都社会文化センター出版局。

――――（2017）「洛西 NT におけるコミュニティ創生推進は可能か」『社会文化研究』19。

――――（2018）「人口減少社会における社会福祉の地域経営」『市民の科学』10。

――――（2019）「地域デザインの意味」『大阪経済法科大学地域総合研究所紀要』11。

みんなのデータサイトマップ集編集チーム（2018）『図説・一七都県放射能測定マップ＋読み解き集――二〇一一年のあの時・いま・未来を知る――』みんなのデータサイト出版。

村上潔（2018）「［連載］都市空間と自律的文化へのアプローチ――マンチェスター・ジン・シーン・レポート（全 4 回）」Web マガジン『AMeeT』一般財団法人ニッシャ印刷文化振興財団。

――――（2019）「アナーカ・フェミニズム」『現代思想』47（6）。

メディアの中の性差別を考える会（1993）『メディアに描かれた女性像』桂書房。

毛利敬典（2017）「『おたがいさま』の活動と地域づくり」、田中秀樹編『協同の再発見』家の光協会。

毛利嘉孝（2003）『文化＝政治』月曜社。

山内道雄・岩本悠・田中輝美（2015）『未来を変えた島の学校――隠岐島前発 ふるさと再興

一夫・秋野有紀・M.T. フォーク編『地域主権の国ドイツの文化政策』美学出版。

田村紀雄編（1976）『「知らせる権利」の復権――ミニコミの論理――』学陽書房。

崔勝久（2014）「原発体制と多文化共生について」、西川長夫・大野光明・番匠健一編『戦後史再考――「歴史の裂け目」をとらえる――』平凡社。

坪井由実・渡部昭男編（2015）『地方教育行政法の改定と教育ガバナンス――教育委員会制度のあり方と「共同統治」――』三学出版。

坪松靖（2016）「地方創生の展開と市町村の行方――地方再生実現の可能性――」『年報 公共政策学』（北海道大学）、10。

鶴見俊輔（1976）「芸術の発展」『限界芸術』講談社（初出は、1960年）。

徳島大学総合科学部社会調査室（2006）「吉野川可動堰建設問題の研究」』徳島大学総合科学部社会調査室（https://web.ias.tokushima-u.ac.jp/region/jpn/jisshu/05f_higuti.pdf, 2019年８月７日閲覧）。

内閣府男女共同参画局（2018）『男女共同参画白書 平成30年版』勝美印刷。

中川秀一（2014）「過疎山村」『地域経済論入門』古今書院。

――――（2019）「『関係人口』からみた大学教育における学生フィールドワーク」『経済地理学年報』64（１）。

長瀬修（2002）「障害学」、市野川容孝編『生命倫理とは何か』平凡社。

夏目房之介（2002）「マンガ表現論の『限界』をめぐって」、J. ベルント編『マン美研――マンガの美／学的な次元への接近――』醍醐書房。

七海ゆみ子（2012）『無形文化遺産とは何か』彩流社。

「日本・ドイツ美術館教育シンポジウムと行動一九九二」報告書編集委員会（1994）『街から美術館へ　美術館から街へ――「日本・ドイツ美術館教育シンポジウムと行動一九九二」報告書――』日本文教出版。

花森安治（1971）『一銭五厘の旗』暮しの手帖社。

ばるぼら・野中モモ編（2017）『日本のZINEについて知ってることすべて――同人誌、ミニコミ、リトルプレス―自主制作出版史1960～2000年代――』誠文堂新光社。

疋田香澄（2018）『原発事故後の子ども保養支援――「避難」と「復興」とともに――』人文書院。

樋田大二郎（2018）『人口減少社会と高校魅力化プロジェクト――地域人材育成の教育社会学――』明石書店。

平川千宏（2014）「市民活動資料――保存と公開の全国的状況」『大原社会問題研究所雑誌』666。

平野泉（2016）「市民運動の記録を考える：アーキビストの視点から（特集 市民運動の記録と記憶）」、『社会文化研究』18。

広井良典（2015）『ポスト資本主義』岩波書店。

FoE Japan（2017）「集会『放射能汚染防止法』制定に向けて（３/27）」（http://www.foejapan.org/energy/fukushima/evt_170327.html, 2019年３月10日閲覧）。

川越敏司・川島聡・星加良司編（2013）『障害学のリハビリテーション――障害の社会モデル その射程と限界――』生活書院。

菊地夏野（2019）『日本のポストフェミニズム――「女子力」とネオリベラリズム――』大月書店。

北川フラム（2015）『ひらく美術――地域と人間のつながりを取り戻す――』筑摩書房。

北原恵（1999）『アート・アクティヴィズム』インパクト出版会。

木村智哉（2016）「商業アニメーション制作における『創造』と『労働』――東映動画株式会社の労使紛争から――」『社会文化研究』18。

清原悠（2017a）「『原発事故被災地・被災者』を誰が決めるのか？――放射能汚染の矮小化に対抗する、市民放射能測定所の『土壌調査』に着目して――」『サステイナビリティ研究』7。

――――（2017b）「『ヘイト本』のメディア論――雑誌的書籍（ムック）が作り出したヘイトの流通・展示・編成――」『唯物論研究年誌』22。

暮しの手帖社（2016）『「暮しの手帖」初代編集長　花森安治』暮しの手帖社。

コミケット（2005）『コミックマーケット30's ファイル』（https://www.comiket.co.jp/archives/30th/, 2019年8月6日閲覧）。

コミケットマーケット準備会（2014）「コミックマーケットとは何か？」（https://www.comiket.co.jp/info-a/WhatIsJpn201401.pdf, 2019年8月6日閲覧）。

高祖岩三郎（2008）「アートとアクティヴィズムのあいだ――あるいは新しい抵抗運動の領野について――」『VOL』3。

ことばと女を考える会（1990）『国語辞典にみる女性差別』三一書房。

小林瑠音（2023）『英国のコミュニティ・アーツとアーツカウンシル――タンポポとバラの攻防』水曜社。

駒尺喜美編（1985）『女を装う』勁草書房。

小山昌宏（2011）『情報セキュリティの思想　インターネットにおける社会的信頼の創造』勁草書房。

権上康男（2012）「1970年代フランスの大転換――コーポラティズム型社会から市場社会へ――」『日仏歴史学会会報』27。

――――（2013）『通貨統合の歴史的起源――資本主義世界の大転換とヨーロッパの選択――』日本経済評論社。

柴野京子（2012）『書物の環境論』弘文堂。

壽岳章子（2006）『日本語と女』岩波書店。

田中和子・諸橋泰樹編（1996）『ジェンダーからみた新聞のうら・おもて』現代書館。

田中輝美（2017）「今なぜ関係人口なのか」『関係人口をつくる――定住でも交流でもないローカルイノベーション――』木楽舎。

谷和明（1998）「ドイツ社会文化の旅」『共同探求通信』11。

――――（2017）「ドイツにおける〈新しい文化政策〉と社会文化運動の生成と展開」、藤野

参考文献

〈邦文献〉

赤石憲昭（2018）「現代日本社会における承認問題——ホネットの承認論とその展開」『社会文化研究』20。

阿部彩（2014）「相対的貧困率の動向：2006、2009、2012年」貧困統計ホームページ（http://www.hinkonstat.net）ここでは藤森克彦（2018）「単身世帯の増加と貧困リスク」『電機連合 NAVI』65（全日本電機・電子・情報関連産業労働組合連合会）による。

阿波根昌鴻（1973）『米軍と農民』岩波書店。

————（1982）『人間の住んでいる島——沖縄・伊江島土地闘争の記録——』私家版。

————（1992）『命こそ宝』岩波書店。

飯塚邦彦（2016）「インフラ整備からみた同人誌即売会・同人文化の成長」小山昌宏・玉川博章・小池隆太編『マンガ研究13講』水声社。

池谷壽夫（2018）「新自由主義に対抗する教育実践と新たな人間観・教育観を！」『人間と教育』98。

————（2019）「『資質・能力』論の危険性」『季論21』45。

伊地知裕子（2019）「コミュニティとアート、そしてコミュニティ・アート」『ネット TAM リレーコラム』第61回（https://www.nettam.jp/column/62/, 2019年５月６日閲覧）。

大沢真一郎・丸山睦男・鶴見俊輔（1968）「日本の地下水——「イオム通信」——」『思想の科学』第５次73号（通巻153号）。

大関雅弘（2011）「『社会文化』概念の構築に向けて」『社会文化研究』13。

大多和雅絵（2017）『戦後夜間中学校の歴史』六花出版。

大橋鎭子（2016）『「暮しの手帖」とわたし』暮しの手帖社。

岡田知弘（2010）「ポスト構造改革期における地域づくりと歴史の再把握」『神戸大学大学院人文学研究科地域連携センター年報』２。

奥地圭子（2015）『フリースクールが「教育」を変える』東京シューレ出版。

小田切徳美（2014）『集落は消滅しない』岩波書店。

————（2018）「地域づくりと地方自治体——先発地域・農山村からの考察——」『地方自治法施行七〇周年記念自治論文集』（総務省）。

尾松亮（2016）『[新版] ３・11とチェルノブイリ法——再建への知恵を受け継ぐ——』東洋書店新社。

狩野愛（2014）「アートアクティヴィズムの可能性——ブライアン・ホームズの理論を中心に——」『音楽文化学論集』４。

————（2016）「トランスローカルな DIY アート・コレクティブ——木版画をメディアにした A3BC の事例研究——」『武蔵野美術大学研究紀要』47。

河井孝仁（2016）『シティプロモーションでまちを変える』彩流社。

*中 俣 保 志　香川短期大学教授
*早坂めぐみ　高千穂大学准教授
*林　　美 輝　龍谷大学教授
日 暮 雅 夫　立命館大学教授
平 石 貴 士　立命館大学非常勤講師
平 野　　泉　立教大学共生社会研究センター・アーキビスト
平 野 和 弘　駿河台大学准教授
藤 田 博 文　桃山学院大学非常勤講師
藤 野 一 夫　芸術文化観光専門職大学副学長・神戸大学名誉教授
松 井 克 浩　新潟大学教授
*南 出 吉 祥　岐阜大学准教授
*三 原 容 子　庄内地域史研究所代表
*三 宅 正 伸　人権経営研究所京都所長
村 上　　潔　立命館大学衣笠総合研究機構客員研究員
茂 木 輝 順　女子栄養大学非常勤講師
*山 嵜 雅 子　立教大学兼任講師
*山 田 康 彦　三重大学名誉教授
吉 田 正 岳　地域産業総合研究所所員
*和 田　　悠　立教大学教授

〈執筆者紹介〉

50音順。*はハンドブック編集委員

*赤石憲昭　日本福祉大学准教授
天池洋介　日本福祉大学非常勤講師
荒井和樹　中京学院大学専任講師
池谷江理子　高知工業高等専門学校名誉教授
*池谷壽夫　了徳寺大学教授
*大関雅弘　四天王寺大学教授
小木曽洋司　中京大学教授
加野　泉　名古屋工業大学准教授
狩野　愛　東京藝術大学大学院教育研究助手
桔川純子　明治大学兼任講師
木村智哉　開志専門職大学准教授
清　眞人　元近畿大学教授
*清原　悠　立教大学兼任講師
熊谷滋子　静岡大学教員
*熊本理抄　近畿大学教員
黒田慶子　多摩コミュニティデザイン研究会共同代表
畔柳千尋　養寿寺
小西洋平　東京福祉大学特任助教授
小屋敷琢己　琉球大学教授
小山昌宏　筑紫女学園大学教授
滝口克典　よりみち文庫共同代表
田中佑弥　山口短期大学准教授
土屋佳子　日本社会事業大学客員准教授
豊泉周治　大東文化大学特任教授
中川秀一　明治大学教授
中西新太郎　横浜市立大学名誉教授
中西美穂　大阪人間科学大学非常勤講師

学生と市民のための
社会文化研究ハンドブック

2020 年 1 月 30 日　初版第 1 刷発行
2024 年 3 月 25 日　初版第 2 刷発行

＊定価はカバーに表示してあります

編　者　社会文化学会©
発行者　萩原淳平
印刷者　田中雅博

発行所　株式会社　晃洋書房
〒615-0026　京都市右京区西院北矢掛町 7 番地
電話　075(312)0788番(代)
振替口座　01040-6-32280

装丁　(株)クオリアデザイン事務所　印刷・製本　創栄図書印刷(株)

ISBN978-4-7710-3279-8